Siete reporteros y un periódico

Pilar Lozano Carbayo

Siete reporteros y un periódico by Pilar Lozano Carbayo, illustrated by Juan Ramón Alonso. Copyright © 2005 by Pilar Lozano Carbayo/ Ediciones SM. Reprinted by permission of Ediciones SM.

Houghton Mifflin Harcourt Edition

Printed in the U.S.A.

ISBN-13: 978-0-547-13689-9
ISBN-10: 0-547-13689-7

5 6 7 8 9 1083 17
4500643274

A Poli,
mi más tierno apoyo

1 *Se buscan periodistas*

Yo era un niño feliz. Lo había sido creo que desde que nací. Mis padres me dijeron que había nacido sonriendo y costó varias tortas hacerme llorar. Y luego siempre me lo había pasado bien. Así que si tengo que resumir los primeros once años de mi vida, tengo que decir que fui plenamente feliz. Lo fui hasta el día 24 de marzo del curso pasado.

Ese día, que amaneció como un martes cualquiera de un día cualquiera de primavera, no se me ocurrió otra cosa que colocar un cartel en el patio del colegio en el que ponía:

DIRECTOR DE PERIÓDICO
BUSCA PERIODISTAS
PARA HACER UN PERIÓDICO

Según mi padre, ese periódico iba a ser un desastre si el director era el mismo que había escrito el cartel. O sea, yo.

—¿A quién se le ocurre repetir tantas veces "periódico" y "periodista"? Así no se escribe un periódico –me dijo, y me sugirió que pusiera algo así como:

DIRECTOR DE PUBLICACIÓN
SELECCIONA REDACTORES
PARA LA EDICIÓN
DE UN MEDIO INFORMATIVO.
SE VALORARÁ EXPERIENCIA

—Pero, papá –le dije, y yo creo que con razón–, eso no lo va a entender nadie y, además, ¿cómo voy a valorar experiencia si nunca en el colegio hemos hecho un periódico?

Se limitó a contestarme lo que parecía obvio:

—La experiencia es muy conveniente.

No me dejé llevar por el pesimismo. Me fascinaba la idea de hacer un periódico, así que tampoco me echó atrás el comentario de mi madre:

—¡Huy, qué cartel más soso, sin un dibujo! Además no tiene garra la frase. Sería mejor poner algo así como:

¿TE ABURRES? ¿TE SIENTES VACÍO?
¡TUS HORAS PUEDEN LLENARSE
DE DIVERSIÓN! APÚNTATE AQUÍ

Su sugerencia me dejó sin habla. Al ver la cara de desconcierto que puse, me dijo:

—Conviene llamar la atención con el factor sorpresa, porque si ya les dices que es para hacer un periódico, no van a querer apuntarse a trabajar. Con una frase sugestiva puede que alguien sienta curiosidad y, ¡zas!, pique. En publicidad, un poquito de engaño siempre viene bien, ya sabes...

Pues no. No sabía y además no estaba de acuerdo. No creía que nadie en mi clase "se sintiera vacío".

Mi padre es periodista y trabaja en un diario, y mi madre es publicista, es decir, que inventa anuncios. Creo que los dos son muy buenos profesionales y entienden mucho de lo suyo, pero la verdad, yo era un niño de once años y a los de once años de mi colegio el que los entendía era yo. Así que pensé que lo mejor era mantener mi cartel tal como lo había redactado:

DIRECTOR DE PERIÓDICO
BUSCA PERIODISTAS
PARA HACER UN PERIÓDICO

Así, y con letras grandes de muchos colores, lo pegué en una de las paredes del patio del colegio y esperé la respuesta.

Entonces, creo yo, fue cuando empecé a dejar de ser feliz.

2 Lo peor de lo peor

Lo primero que tuve que aguantar fueron las burlas de los más brutos de la clase. Hasta entonces nadie se había reído de mí, pero al parecer, con un cuaderno en la mano, muy serio y el cartel detrás, estaba ridículo, porque se acercaron, lo leyeron y empezaron que si vaya repipi, que si el niño de papá que quiere ser periodista... y cosas parecidas, hasta que llegó Beatriz diciendo que a ella le gustaría participar en un periódico, pero que por qué iba a ser yo el director, que quién me había elegido.

Yo le argumenté que la idea era mía y por eso era el director, pero ella empezó a hacer campaña entre todos los de la clase diciendo que era solo un periódico a mi gusto y que no valía la pena apuntarse. Como Beatriz es la más lista de la clase y todo el mundo le hace mucho caso, incluido yo, ya vi que mi periódico nacía desprestigiado, o mejor dicho, que era imposible llevarlo adelante.

Desanimado, empecé a retirar el cartel, cuando al darme la vuelta me encontré colocados en fila a seis compañeros de clase, preguntándome dónde había que apuntarse para ser periodista. Allí estaban María, Ricardo, Abdul, Pablo, Shyam y Yolanda. Estos eran los seis.

La plantilla que se había presentado me dejó mudo. Veamos:

María era la gordita de la clase. Se pasaba el día comiendo golosinas, o "chuches", como las llamaba ella, ensuciando los cuadernos y diciendo "vete, son míos" si alguien se atrevía a insinuar que le podía dar un caramelo.

Ricardo, puro nervio. Todo lo dejaba a medias, interrumpía continuamente la clase, sacaba malas notas en todas las asignaturas menos dibujo. No era amigo de nadie y molestaba a todo el mundo.

Abdul. ¿Qué decir de Abdul? Me parecía que estaba lleno de manías. Pero era muy listo y corría más que ninguno. No sabía qué podía aportar un atleta a mi periódico.

Pablo venía al colegio porque tenía que venir,

que es obligatorio, pero lo que allí hacíamos le importaba un bledo. Todo, menos la colección de tacos que llevaba escrita en un papel y no enseñaba a nadie. Decía que tenía más de cien, pero ¿a quién le puede interesar una colección semejante?

Shyam es de un país asiático que se llama Nepal. Llevaba un año en España y todavía no hablaba muy bien. Si no hablaba bien, ¡Dios mío! ¿Cómo escribiría?

Y la última, Yolanda. Allí estaba con unas medias rosas, los labios creo que pintados, una falda corta, un jersey a rayas rosas y naranjas, un gran lazo naranja en lo alto de su coleta... ¿continúo? Voy a resumir, Yolanda quería ser actriz y se pasaba el día mirándose al espejo y preguntando qué nos parecía cómo le sentaba esto o aquello. Nadie le hacía mucho caso.

Nunca hubiera pensado que esos podían ser mis redactores de periódico. Había pensado en Beatriz, sobre todo en Beatriz, o en cualquiera de mis amigos, Nuria, Juan, Julio, Pedro, Teresa..., bueno, gente normal. Pero se me había presentado, ¿cómo decirlo?, lo peor de lo peor. Los que nadie pone de ejemplo de nada, los que andan sueltos sin amigos, los que, en fin, nunca nadie tiene en cuenta.

Me cogieron el cuaderno y el bolígrafo, y uno tras otro pusieron su nombre en la primera página. María, Ricardo, Abdul, Pablo, Shyam y Yolanda. Junto a su nombre, Pablo añadió un taco a modo de apellido.

Estos eran mis seis colaboradores.

Sonó el timbre.

Sin decir nada, recogí el cuaderno y el cartel, y volví a clase.

Al entrar, Pablo me dio un golpe en la espalda diciendo "muy bien, tío". En la clase de matemáticas, María me dejó sobre el cuaderno unas golosinas pegajosas, Yolanda me guiñó el ojo y Ricardo me mandó un mensaje escrito sobre un avión de papel en el que decía: "¿Cuándo hempezamos?". Así, tal cual lo escribo, *hempezamos*. Shyam, por su parte, en un momento de descanso se vino a mi pupitre y me dijo: "Ser periodista guay, gustar". Abdul solo me miró fijamente, como preguntándome algo así como: "Soy tu reportero, ¿no me dices nada?".

La empresa de sacar adelante un periódico con esa cuadrilla me empezaba a parecer una tarea imposible. Estuve inquieto las dos horas de clase, sin enterarme de nada de lo que allí se explicaba. Al acabar, fui corriendo detrás de mis amigos de toda la vida, intentando convencerlos para que participaran, con el argumento de que ya se habían apuntado otros seis compañeros.

Enterados de quiénes eran los otros seis, se limitaron a desearme suerte.

3 *Todo por aprender*

Consulté a mi padre sobre las posibilidades que tenía de hacer un periódico con *esos* redactores. Él se rió y me dijo que un periódico necesitaba en primer lugar un buen director y, en segundo lugar, redactores con muchas ganas de sacarlo adelante.

Estaba claro que mis redactores tenían ganas, porque si no, ¿para qué se habían apuntado? Y en cuanto a que el director fuera bueno, pues ese era yo y la verdad es que muy bueno no podía ser, porque no tenía ni idea de cómo se hacía un periódico.

—Estupendo –dijo mi padre–, así sois todos iguales, no tenéis ni idea ninguno. Os queda todo por aprender.

A mi padre le encantan ese tipo de frases que a mí me dan como vértigo. "¡Todo por aprender!". Me animé pensando que no era "todo" lo que nos faltaba por aprender. Al fin y al cabo sabíamos hablar, leer y escribir. El primer paso ya estaba dado... Me acordé de Shyam, de las faltas de ortografía de Ricardo... Bueno, el primer paso estaba casi dado.

A la mañana siguiente entregué a los redactores un sobre con su nombre, en el que había metido una nota para cada uno. Les informaba de que el sábado siguiente, a las cinco de la tarde, se iba a celebrar en mi casa una reunión de la redacción del periódico. Se pedía que asistieran con un cuaderno, bolígrafo, ideas sobre cómo hacerlo y "muchas ganas de sacar el periódico adelante", como me había dicho mi padre.

La suerte estaba echada.

Me pasé los dos días que faltaban pensando sólo en el periódico: qué nombre ponerle, qué noticias escribir, cómo repartir el trabajo. Nada podía fallar. Lo tenía todo planeado.

Por lo visto, los redactores también estuvieron dándole vueltas porque se acercaron en diferentes momentos a adelantarme alguna de sus ideas.

María había pensado llevar el doble de dulces para repartir entre todos, incluso había decidido traerme un dulce especial a mí. Ricardo había pensado que era mejor que el periódico fuera mudo, solo con dibujos. Abdul me dijo que tenía una sorpresa y Shyam insistió en que "periodista gustar, guay".

No me parecieron grandes aportaciones. Para ser sincero, la verdad es que lo único que me gustaba de esa redacción era que me trataban como si yo fuera importante. Todos querían agradarme. Me gustaba sentirme el director de un periódico.

Se lo conté a mi padre y me dijo:

—A ver si además de ignorantes van a ser unos pelotas.

¿Lo veis como siempre inventa frases que lo estropean todo?

4 *Un periódico peleón*

EL sábado, a las cinco menos cuarto de la tarde, una señora y un señor llamaron a mi puerta. Me miraron de arriba abajo y dijeron:

—Buenas tardes, ¿no hay nadie en casa?

Hice como que no había escuchado –si yo no era nadie, ¿cómo iba a contestar?– y me dirigí directamente a Shyam, que se encontraba entre los dos con una mano fuertemente agarrada a cada uno de ellos. Shyam me sonrió muy contento e intentó soltarse, pero el señor y la señora, a saber, sus padres adoptivos, no querían dejarlo allí en mi casa, con "nadie", y repitieron su pregunta, yo creo que de manera más correcta, porque dijeron que si había "alguien más" en casa.

Les dije que mis padres habían salido y que solo estaba yo esperando a Shyam y al resto de los compañeros que íbamos a hacer un periódico.

Entonces empezaron a hablar entre ellos y, sin soltar a Shyam, se dieron la vuelta diciéndome algo así como que en esas circunstancias sería una irresponsabilidad dejar al niño. Shyam empezó con lo de "periódico gustar", a lo que fue añadiendo una serie de infinitivos, cada vez más enfadado y con la voz más alta: "No ir, quedar, gustar"...

Al ver que le arrastraban escaleras abajo, me miraba con ojos suplicantes y gritaba: "Alejandro ayudar, ayudar"... Pensé que un director de periódico debe salir siempre en defensa de sus periodistas. Así que intenté tirar de él mientras explicaba a sus padres que los míos iban a regresar muy pronto (era mentira, pero había oído decir a mi padre que en periodismo, para sacar una gran verdad, a veces hay que mentir un poco. ¿Lo habría entendido bien?). El caso es que me parecía una mentira justificada.

En esas estábamos, cuando se presentaron el resto de los redactores, que, sin pensárselo dos veces, se pusieron todos de mi lado y empezaron también a tirar de Shyam. Me enterneció tanto ver su incondicional apoyo, como comprobar que todos traían su cuaderno y su bolígrafo. Estos detalles hicieron que les empezara a coger cariño. ¡Iba a ser un gran periódico! ¡Un periódico peleón!

Y la primera pelea la ganamos. Los padres de Shyam accedieron a que este se quedara. Pero, eso sí, "¡con condiciones!". Empezaron a recitar una lista muy larga de las cosas que Shyam NO podía hacer. Me gustó mucho que Yolanda, sacando su cuaderno, dijera: "Un momento que tomo nota". Me pareció un detalle muy profesional. Muy de periodista. La reunión había empezado un poco ajetreada, pero prometía.

En cuanto a las cosas que Shyam NO podía hacer, ¿para qué explicarlas? A aquel niño no le estaba permitido hacer o comer prácticamente nada. Solo tenía permiso para estar listo a las ocho en punto, hora a la que vendrían a recogerlo, no sabíamos si para llevarlo de nuevo a prisión. Shyam se limitó a decir: "Gustar, gracias, volver tarde". Y sus padres se hincharon a darle besos y besos con tanto sentimiento, que empecé a creer que en realidad no íbamos a hacer un periódico, sino partir a la guerra.

Creo que a todos nos dio un poco de pena Shyam, con unos padres tan empalagosos, pero él nos dijo: "Querer mucho, ser mejor tener que no tener". Se refería a sus padres adoptivos y por primera vez pasó por mi cabeza la idea de lo que ocurriría si yo no tuviera padres... y en el estómago se me hizo un agujero tan grande, que para rellenarlo propuse que merendáramos antes de empezar la reunión. La propuesta causó verdadero entusiasmo.

Nos comimos y bebimos todo, incluidos un montón de dulces que María había traído ¡para repartir! Estaba claro que ser colegas del periódico era un vínculo muy fuerte.

La merienda estuvo amenizada por un montón de conversaciones cruzadas y muy animadas, aunque mejor no las cuento, porque ¿qué interés pueden tener, por ejemplo, la sofocada discusión entre Abdul y Ricardo sobre si era bueno o no comer cerdo, o las bobadas de Pablo para enfadar a María y Yolanda con tonterías como que "las niñas sois tontas de atar y no tenéis remedio"? Sé que son tonterías, pero la verdad es que entre una cosa y otra, yo me lo estaba pasando bien. Tan bien, que por poco se me olvida el motivo del encuentro: el periódico.

Pasamos a mi habitación para empezar la reunión. ¡Y vaya! Otro nuevo motivo de distracción. Nada más entrar, después de enterarse de que esa habitación era para mí solo, se pusieron a discutir todos a la vez. Así que la tarde estaba llena de sorpresas para mí, porque yo ¡tampoco nunca en mi vida había pensado en mi habitación! Por primera vez descubría que las habitaciones no eran todas iguales y que la mía les parecía particularmente distinta. Por lo visto, era inmensa y estaba llena de cosas estupendas. Según Abdul "es tan enorme, que cabe toda mi casa dentro y en mi casa somos cinco". Menos mal que Shyam dijo "yo igual que Alejandro", porque empezaba a sentirme culpable de no sé qué delito y estaba a punto de invitar a todos a compartir conmigo la habitación para el resto de nuestros días. Y una cosa es ser colegas periodistas y otra vivir eternamente juntos.

—¿Empezamos o no ya de una vez? –grité por encima de sus gritos. Y, sorprendentemente, todos se callaron y, como avergonzándose, se sentaron en corro sobre la alfombra, cada uno con su cuaderno y su bolígrafo en la mano. Debía de ser grande la habitación, porque cabía toda la redacción de un periódico.

Saqué mi bloc de notas y dije:

—Queridos redactores, lo primero que tenemos que decidir es qué nombre vamos a poner al periódico. Yo he pensado...

Y no pude continuar.

Mi padre me había hablado de los redactores

pelotas, que ríen todas las gracias de su director y le dicen que sí a todo lo que propone. Eso será en los periódicos de adultos. En mi periódico no había ni un solo redactor pelota. Y, sinceramente, creo que un poco de peloteo hasta lo habría agradecido, porque mis redactores no solo no estaban dispuestos a reír las gracias de su director, sino ni tan siquiera a mostrar el más mínimo respeto.

5 Noticias inventadas

Estaba claro que en mi periódico el cargo de director no lo regalaban. Había que ganárselo. Al parecer, haber tenido la iniciativa no daba derecho a nada.

Mis propuestas, una a una, fueron rechazadas y sustituidas por otras completamente diferentes:

¿Título del periódico? Yo propuse: *La voz de los colegiales.* Pero se aceptó la propuesta de Abdul, que dijo que sería estupendo un nombre como *El Trueno Informativo.* Por lo visto, esa era la sorpresa que me tenía preparada. Y la verdad es que me sorprendió, y más me sorprendió que unánimemente el resto de los redactores aceptaran ese título. Estaban encantados.

Yolanda dijo:

—Es un título supermolón, muy llamativo –y mirándome con cierto desprecio, añadió–: Por lo menos no es tan aburrido como *La voz de los colegiales...*

Estaba claro que entre lo "llamativo" y lo "aburrido", todos se tiraron a lo primero, y me vi obligado a tachar en mi cuaderno *La voz de los colegiales* y escribir *El Trueno Informativo*. El periódico no iba a pasar desapercibido.

Puesto el título, pasamos a discutir el contenido del periódico. Leí, mejor dicho, intenté leer lo que había escrito en mi bloc de notas. Entre otras propuestas había pensado en entrevistar al director para hablar de los problemas y proyectos del colegio para el futuro; hacer una encuesta entre los alumnos para saber qué es lo que les gustaba del colegio y qué cambiarían; escribir una sección de deportes con fotos de los mejores deportistas de cada curso... ¡Ay, tenía tantas propuestas!... pero no se aceptó ni una. Así que dejo de contar lo que podía haber sido, para explicar lo que realmente fue.

Se acordó que la entrevista se hiciera al conserje, porque, según dijo Pablo, "ese sí que realmente sabe lo que ocurre de verdad en el colegio".

Aceptaron que se publicara una encuesta, pero la íbamos a hacer sobre la comida del colegio, ya que estuvieron de acuerdo todos en que era asquerosa y había que mejorarla. Sin saber el resultado de la encuesta, ya adelantaron que la podíamos titular algo así como "*El Trueno Informativo* quiere mejor comida".

La sección de deportes ni la consideraron y sin embargo les pareció muy bien la sección que propuso Shyam: "Extranjero hablar". Menos mal que por lo menos corrigieron un poco el título y pasó a llamarse "Los niños inmigrantes nos cuentan". En esta sección se trataba de que en cada número del periódico un niño inmigrante nos contara cómo era su país y sus experiencias en España. "Así conocer mejor todos", dijo Shyam. La verdad es que me pareció una buena idea, pero por supuesto no fue porque yo la apoyara por lo que ellos estuvieron de acuerdo. A esas alturas de la reunión, hacía ya rato que mis intervenciones quedaban ahogadas por los gritos de unos y otros quitándose la palabra.

Entre esos gritos, se aceptó también la propuesta de Pablo: el periódico debía publicar un artículo sobre qué hacer para divertirse en clase y no "morirse de aburrimiento mortal de la muerte". Yo lo escribo tal como él lo dijo y además añadió que de ese artículo se quería encargar él, que tenía muchas ideas. Recuerdo que esta propuesta, además de contar con el apoyo de todos, fue aprobada con aplausos.

La contribución de Yolanda al periódico fue decisiva:

—El periódico –dijo– debe contar noticias, cosas novedosas, que eso es lo que hacen los verdaderos periódicos.

Ahí se entabló una gran discusión sobre si en el colegio ocurrían realmente noticias o todos los días, uno tras otro, pasaba exactamente lo mismo.

El ambiente entonces empezó a ser muy pesimista, porque nos dio a todos la sensación de que allí noticias novedosas francamente no se producían. Y ¿qué sentido tenía un periódico que no daba noticias? Fue Ricardo el que lo solucionó, diciendo:

—Las noticias, si no existen, se inventan, que seguro que es lo que hacen en todos los periódicos, que no puede ser que todos los días ocurran tantísimas cosas desagradables como dicen que ocurren.

Me rebelé. Mi periódico no podía mentir. Era un periódico serio y responsable "al servicio de la verdad", que es lo que siempre había oído de todos los periódicos. Pero los demás dijeron que Ricardo tenía razón, que quién era el tonto que se creía todo lo que contaban. Lo más que llegaron a admitirme fue que solo se inventarían noticias en caso de que no se produjera ninguna verdadera. Pero, de momento y por si acaso, ya empezaron a improvisar posibles acontecimientos que harían que *El Trueno Informativo* no fuera aburrido.

—¿Y si descubren que publicamos noticias inventadas, que no son reales? –dije yo alarmado.

Según Pablo eso tenía una solución muy fácil:

—Lo desmentimos en el siguiente número y no pasa nada. Lo importante es tener muchos lectores aficionados a *El Trueno Informativo*.

Ricardo dijo "genial" y dejó zanjada la discusión ante el entusiasmo de todos, que empezaron a inventar titulares que serían de gran éxito entre nuestros lectores: "Fuerte tormenta inunda las clases y el colegio da vacaciones indefinidas"; "Animales escapados del zoo se instalan en el patio del colegio"; "Prohibida la asignatura de Lengua"; "Un alumno de tercero, nombrado director del colegio"... y no sé qué bobadas más de las que, para mi tranquilidad, nos salvó el timbre.

¡Díos mío, ya eran las ocho!

En la puerta de mi casa, los padres de Shyam reclamaban a su hijo. Al verle aparecer empezaron a darle otra vez muchísimos besos. ¡Qué emoción encontrarle sano y salvo! La verdad, no sabía que hubiera gente que tuviera tan mala opinión del periodismo. ¿Qué pensaban que podía haberle ocurrido en una reunión de la redacción de un periódico?

Detrás de Shyam, desfilaron uno tras otro hacia sus casas, al parecer muy contentos. Me daban las gracias por lo bien que se lo habían pasado y me felicitaban por lo estupendo que iba a salir el periódico. ¿Y por qué a mí? En mi opinión, la reunión había dejado dos cosas muy claras. La primera, que mis colegas periodistas eran fantásticos inventando. Me parecían más adecuados para dedicarse a escribir novelas que un periódico. Y la segunda cuestión que me habían aclarado, sin decirlo expresamente, era que en ese periódico no había director: allí se hacía lo que se decidía entre todos.

Me quedé en la puerta, con el cuaderno en la mano, pensando en que, bueno, ser un redactor más del periódico también era muy emocionante.

Cuando al regresar mis padres me preguntaron cómo iba el periódico, quise comprobar el impacto que podía causar el nuevo nombre y les anuncié que se iba a llamar *El Trueno Informa-*

tivo. Ellos se limitaron a contestarme de manera distraída:

—¿Sí?

Me extrañó su indiferencia. Y entonces una nueva preocupación vino a meterse en mi cabeza, ocupándomela entera e impidiéndome dormir.

Tumbado sobre el costado derecho, pensaba en que iba a ser un fracaso, porque un "trueno informativo" que no impacta es como si ni siquiera hiciera ruido. Mucho título para tan poco efecto.

Me di la vuelta sobre el costado izquierdo y la cabeza se me llenaba de dudas: ¿al final iba a ser verdad que nos tendríamos que inventar las noticias para llamar la atención?

Me puse boca abajo y entonces empecé a darle vueltas a si estaba bien o no inventarse las noticias.

Otra vuelta en la cama y ahora, ya boca arriba, incapaz de resolver las dudas que me asaltaban, decidí dejarlo, confiando en que el destino (que no sé exactamente lo que es) nos trajera la sorpresa de que ocurrieran cosas realmente ciertas y emocionantes para poder llenar nuestro periódico con auténticas verdades.

Con esta esperanza, finalmente me quedé dormido.

A media noche me desperté sudando. Estaba soñando que el director del colegio, delante de todos los compañeros y profesores, me reñía muy enfadado por haber mentido.

—Este niño es la vergüenza de la noble profesión periodística –gritaba ante todos.

Y yo, no es que fuera la vergüenza, es que ¡me moría de vergüenza de verdad, solo de pensar que pudiera ocurrir algo semejante!

6 *Mis fichajes*

Los días siguientes fueron de actividad frenética. Dejé casi de ver a mis amigos de siempre y me pasaba el día con los "nuevos fichajes". Así los llamó Beatriz –¿dije ya que era la más lista de mi clase?–, que además añadió: "fichajes impresentables".

Por primera vez, salí en defensa de mis compañeros de periódico diciendo que eran divertidos y tenían muy buenas ideas. Pero Beatriz –¿dije ya que me gustaba mucho?–, que no se calla así como así, siempre tiene la última palabra:

—Sí, sí, muy buenas ideas para hacer el payaso.

Así estaba el ambiente, pero a mí no me importaba. ¡Teníamos tantas cosas por hacer! La primera era conseguir dinero para la edición del periódico. Ese del dinero era un tema que a ninguno se nos había pasado por la cabeza. Pero resultó que sí, que tenían razón mis padres cuando dijeron que de dónde íbamos a sacar el dinero para imprimir el periódico.

En un principio pensé en que cada uno pusiera sus ahorros y la paga de las siguientes semanas. Abdul y Pablo contestaron a la vez que de qué paga estaba hablando, que ellos no tenían ninguna paga.

—Y si necesitáis dinero para ir al cine o comprar algo que os apetece, ¿de dónde lo sacáis? –pregunté yo, con la inocencia que me caracterizaba antes de ser director de periódico.

Me enteré de que ni iban al cine ni se compraban nada. Pedir a sus padres dinero para un periódico era perder el tiempo, me dijeron, no porque sus padres no quisieran ayudarlos, sino porque el tema del periódico seguramente lo colocarían entre los últimos puestos de la lista de cosas que se necesitaban en sus casas. Vamos, que no podían aportar nada de nada.

Ricardo dijo que bueno, que a lo mejor si ayudaba a su tío en el trabajo, este le daba algo y él lo guardaría para el periódico, pero ¿iba a ser suficiente el mísero sueldo que se cobra cuando uno tiene como oficio llevar la bolsa de las herramientas del fontanero el viernes por la tarde?

Evidentemente, no; cinco euros semanales se iban a quedar muy cortos.

Pensamos en conseguir un aumento salarial llevando la bolsa de las herramientas entre todos, pero Ricardo nos aclaró que su tío le solía hacer comentarios del tipo de "qué inútil eres, que sepas que te dejo que me acompañes por echarte una mano, chaval, que para llevar la bolsa me basto y me sobro". ¿Qué sentido tendría que la arrastráramos entre siete? Descartamos esta posibilidad.

María, considerando que le tocaba el turno de dar explicaciones, dijo:

—Mi paga es muy pequeña y no la pienso dar, porque si no puedo comprar chuches, ¿dónde está lo divertido de la vida?

Se me ocurría contarle mil cosas más divertidas que comer golosinas, pero se me adelantó Yolanda dándole la razón con un "te entiendo, María, a mí me pasa igual con la ropa". En detalles como este se notaba que empezábamos a ser un equipo muy unido.

Mis ahorros no iban a ser suficientes y con Shyam era difícil contar porque al parecer sus padres "solo dar dinero si es para buena cosa".

Teníamos serias dudas todos de que *El Trueno Informativo* les pareciera "buena cosa".

En ese momento, todas las miradas se volvieron hacia mí.

Abdul dijo que esos temas debía solucionarlos el director del periódico y los demás estuvieron plenamente de acuerdo.

Ya empezaba a acostumbrarme a que solo se me reconociera como "el director" cuando había problemas. Intenté hacerles ver que los temas importantes debíamos resolverlos entre todos. Pero dijeron que les encantaría, pero no podían, y que estaban convencidos de que yo encontraría la manera de conseguir el dinero. Pablo zanjó la discusión diciendo:

—Tus padres te ayudarán, que seguro que pueden, que tienes una habitación muy grande y bonita.

¡Y dale con la habitación! ¿Qué querían? ¿Que la alquilara?

No admitieron más discusión y toda la responsabilidad recayó sobre mí. La verdad es que los que antes resultaban los más tontos o los más gamberros cada día me parecían más listos, porque al final mis colegas periodistas tenían razón: mis padres me ayudaron.

Simplemente les pregunté:

—¿De dónde sacan el dinero los directores de periódico para imprimirlos?

Y me dijeron:

—De la publicidad.

¡De la publicidad! ¡Sí, señor! Así de sencillo, pero ¿cómo no se me había ocurrido antes? Solo había que buscar gente interesada en pagar por anunciarse en *El Trueno Informativo*.

Me lancé a mi móvil para mandar mensajes a los redactores informándoles de que ya había encontrado la solución al problema financiero. Solo se los pude mandar a Shyam y a Yolanda. Porque ni María ni Pablo ni Abdul tenían móvil y Ricardo lo acababa de perder por segunda vez en ese mes.

Me encantaron las respuestas que me llegaron inmediatamente. Shyam escribió: "gustar", palabra que para él encerraba los más amplios y positivos pensamientos. Podía ser resumen por ejemplo de: "qué bien, cuánto me alegro de que hayas encontrado una solución a nuestro problema; eres un gran director y estoy muy contento de trabajar contigo en el proyecto del periódico". Así que supe apreciar su mensaje. El mensaje de Yolanda también me llenó de alegría: "Mgnfco.

Flicidads. He pnsado poner mi paga. Mñn hablamos. Chao".

¡Yolanda descubría que el periódico era más divertido que la ropa! Esa noche pude dormir tranquilo.

7 Anuncios para "El Trueno"

La idea de la publicidad fue muy bien acogida en el grupo de redactores. Muy ilusionados, nos pusimos a hacer una lista de gente a la que en nuestra opinión le convenía mucho anunciarse en un periódico que iban a leer los alumnos del colegio.

Pero hay que ver ¡qué poco les importa a los mayores desbaratar las ilusiones infantiles! Sin piedad, uno a uno, nos fueron diciendo de una manera u otra que no estaban dispuestos a dar ni medio euro por salir en *El Trueno Informativo*.

El primero de nuestra lista era el director del colegio, propuesto por Abdul, que consideraba que "le hace mucha falta caer bien a los alumnos". Pero él contestó:

—¿Anunciarme yo? Pero ¿qué os habéis pensado? Yo no tengo ninguna necesidad de hacerme propaganda. No estoy en este puesto para ser popular, sino para poner orden.

Y rompió el precioso anuncio que le habíamos preparado, en el que se le veía a él dibujado por Ricardo, no con esa cara desagradable que solía poner últimamente, sino muy sonriente, y al lado un texto que decía: "El director de tu colegio, el mejor amigo".

Y terminó la entrevista diciendo:

—Y vaya con el nombre ese de *El Trueno Informativo*... pero, en fin, no me preocupa porque estoy convencido de que sois incapaces de sacar adelante este proyecto tan peregrino.

Aunque no entendimos lo de "peregrino", que a todos nos sonaba como de Camino de Santiago, estaba claro que deseaba nuestro fracaso. Pablo, enfadadísimo, dijo que a quién se le había ocurrido la cursilada de que el director podía ser el mejor amigo, y empezó con esa cadena de tacos que se sabe y que yo no puedo repetir, entre otras cosas porque son tacos mezclados que se inventa él y los dice muy deprisa. Necesitaría su lista particular para repetirlos.

El mal humor de Pablo se nos contagió al resto y empezamos a pensar en publicar un artículo en el que le pondríamos verde en nuestro periódico. Ya habíamos decidido un magnífico titular:

ÚLTIMA HORA:
"EL TRUENO INFORMATIVO"
DENUNCIA AL DIRECTOR DEL COLEGIO
POR INTENTAR BOICOTEAR
LAS ACTIVIDADES CULTURALES
DE LOS ALUMNOS

Como muy bien dijo María, "luego nos va a pedir por favor que le saquemos anuncios como el del mejor amigo". Con esta idea nos estábamos animando, cuando Shyam nos hizo volver a la realidad preguntándonos:

—Pero ¿cómo publicar sin dinero?

Tuvimos que aparcar de momento el asunto del director y pasamos a visitar al segundo de la lista, que no era otro que el jefe de estudios, Roberto. Le propusimos el mismo anuncio, aunque a este no le hacía tanta falta, ya que en general todos opinamos que es muy majo porque nos llama a todos por nuestro nombre y siempre sonríe. Nos recibió muchísimo mejor y se interesó por el periódico. Pero de lo importante, de la pasta o la guita (esta manera de hablar se me contagió de Pablo), nada de nada porque "tenéis que comprender que no puedo anunciarme en un proyecto que el director detesta".

¡Otra palabreja para terminar con nosotros! El director había dicho "peregrino" y Ricardo "detestar". Pablo las apuntó en su cuaderno de periodista para enriquecer el vocabulario del periódico y nos anunció que pensaba sustituir su lista de tacos por una nueva de "palabras de interés periodístico". Pensamos en buscarlas en el diccionario y utilizarlas en algún artículo que viniera a cuento para subir el nivel y demostrar la profesionalidad de *El Trueno Informativo.*

Salimos del despacho del jefe de estudios con la promesa de que nos ayudaría a grapar los ejemplares del periódico o nos permitiría repartirlos en las clases, cosas así que nosotros, francamente y con el problema del dinero que teníamos encima, las veíamos muy lejanas.

El jefe de estudios enfadó menos a Pablo, así que los tacos que dijo fueron menos y en voz más baja, pero entendimos algo así como que era un cobardica.

En fin, no merecía la pena enfadarse con todos. Lo tachamos de la lista de posibles anunciantes y pasamos al tercero. Este NO podía fallar, porque necesitaba realmente nuestra publicidad si quería mejorar la opinión que los alumnos teníamos de él. Pero comprobamos que no solo no la quería mejorar, sino que le importaba un bledo nuestra opinión. Se trataba del cocinero. De todo lo que nos dijo apuntamos en esta ocasión tres frases misteriosas: "arrieritos somos y en el camino nos encontraremos", "nunca llueve al gusto de todos" y "hacer oídos sordos a las adulaciones".

Era un hombre muy parlanchín que para decir que ni loco se iba anunciar, nos tuvo media hora con un discurso complicadísmo que se podría resumir en que su oficio era muy duro, que nosotros éramos unos niños mimados que no sabíamos apreciar sus esfuerzos, que él cocinaba para alimentarnos, no para que disfrutáramos, y que ya comprobaríamos el día de mañana lo dura que era la vida. Pero ¿por qué el día de mañana? A mí ya me estaba pareciendo suficientemente dura en ese mismo momento con la tarea de conseguir publicidad para *El Trueno Informativo*.

Pasamos a nuestro cuarto anunciante. Era doña Rosa, la del quiosco de dulces y golosinas, que nos contestó: "No necesito publicidad porque no tengo competencia ninguna y las nubes

son a diez céntimos; llevas cuatro: son cuarenta céntimos". La frase la dijo toda seguida, pero la segunda parte no iba dirigida a nosotros sino a un pequeñajo de la clase de tercero que estaba en la cola. Apuntamos la palabra "competencia" en nuestros cuadernos.

Nuestro quinto objetivo era Eulalia, la de la librería, que dijo que éramos "graciosos" y que ella nos podía vender todo el papel que necesitáramos para el periódico, pero respecto a su anuncio la verdad es que se estaba haciendo la sueca. Al ver nuestra insistencia nos explicó que, antes de anunciarse, primero tenía que ver la calidad del periódico y que, además, los diez euros que le pedíamos eran "una tarifa muy cara para un anuncio de contraportada". Pablo apuntó "tarifa" y "contraportada" y nos fuimos ya bastante desanimados.

No quiero seguir contando lo que pasó con los dueños de la pastelería-panadería, el de la tienda de deportes y el de los helados. La verdad es que este todavía por esa época no había puesto el tenderete, pero el resto, además de repetir todos lo mismo: "No me interesa", no añadieron ninguna palabra que no conociéramos. ¡Qué falta de imaginación!

Nuestra particular clase de lengua moderna había acabado. El periódico tendría que salir sin el apoyo de los comerciantes.

De nuevo todas las miradas se volvieron hacia mí, el director.

8 ¿Te sientes vacío?

MIS redactores confiaban en mí y yo no podía fallar. Convoqué una reunión de urgencia el viernes por la tarde en mi casa para solucionar el problema del dinero. Pero no se pudo celebrar por motivos variados, que más o menos todos tenían un nexo común: la familia.

Así me enteré de que Pablo no podía.

María al parecer estaba al cuidado de la abuela y de la hermana pequeña, de las dos a la vez, una porque no estaba muy bien de las piernas y la otra porque todavía no caminaba, y todo porque sus padres llegaban del trabajo muy tarde a casa. La verdad es que me entró una gran admiración por María porque, además de cuidarlas, preparaba la cena, por ejemplo tortillas y ensalada, o calentaba la sopa y echaba los fideos, y ¡preparaba el biberón para su hermana! Yo, que solo sabía meter pizzas en el horno, no comprendía cómo en el colegio, teniendo toda esta sabiduría, la podían criticar por no sacar buenas notas. Si los exámenes fueran de cuidados familiares, sería la primera de la clase y yo, seguramente, el último.

Por lo que me contó, Abdul podía competir perfectamente con María por el sobresaliente, porque además de ser el mayor de cuatro hermanos y tener que cuidarlos, me dijo que hacía para sus padres una larga lista de recados. Él solo.

Pero no acababan aquí los compromisos y dificultades de mis redactores para quedar el viernes por la tarde. Yolanda estaba castigada sin salir "todos los viernes hasta nuevo aviso". El motivo es que le había dicho a su padre que estaba en casa de su madre y a su madre que estaba en casa de su padre, cuando en realidad se había ido de compras caprichosas con una amiga. No sé si se ha entendido lo de su padre y su madre. Lo que pasaba es que sus padres estaban separados, y como cada uno vivía en una casa distinta, parecía que les engañaba a los dos. ¿Por qué la castigaban? Seguramente lo que le había pasado a Yolanda con ese lío de casas era que ni ella recordaba en qué casa estaba, ni a cuál tenía que ir.

Ricardo, con razón, me argumentó que, si iba a la reunión, iba a perder su salario de cinco euros por ayudar a su tío el fontanero, lo que iba en contra de nuestro objetivo. A Shyam no le entendí muy bien qué era lo que le impedía acudir, pero era algo así como que tenía que divertirse en familia.

Camino de mi casa, me acordé de lo que nunca hubiera imaginado. Me acordé del anuncio de mi madre... "¿Te sientes vacío?", y me respondí a mí mismo: "Síííííí... me siento vacío... sin ninguna obligación, sin nadie a quien cuidar, ningún recado que hacer...". Llamé a mis abuelos por el móvil para ver si necesitaban algún tipo de ayuda. Les pareció que yo era encantador por preguntarlo, pero necesitar, realmente no necesitaban nada o, por lo menos, debieron de pensar, nada que yo pudiera solucionar.

Así que me dediqué a resolver lo que estaba más a mi alcance, que era el problema del dinero para la edición de *El Trueno Informativo*. Entré en mi habitación y miré los estantes y el armario. Estaban llenos de cosas bonitas. Elegí las que me parecieron mejores y, con un poquito de pena, les hice una fotografía con la cámara digital. Había decidido organizar una rifa para sacar dinero.

Ahí estaban objetos que habían sido muy importantes en mi vida: el balón de fútbol firmado por un jugador de mi equipo preferido; la colección completa de cómics; el mejor juego de mesa de todos para mi gusto; las gafas geniales de ver bajo el agua en el mar, y las zapatillas de deporte requetechulas que todavía no había estrenado porque mi abuela se equivocó de número y quedaron para el año siguiente. Eran todos objetos de los que costaba separarse, sin duda... pero no podía presentarme a la redacción con las manos vacías.

Cada fotografía la coloqué diez veces en pequeñito y las imprimí a todo color en un folio desde el ordenador. Me quedaron fenomenal y me puse a rellenar, junto a las fotos, las papeletas de la rifa: "Vale un euro para participar con el número 1 en el magnífico sorteo de este balón estupendo" o "Vale un euro para participar con el número 5 en el sorteo de maravillosas zapatillas de deporte"... Y así una tras otra... que hice diez papeletas para cada rifa y me pasé toda la tarde del viernes y el sábado completo, y no acabé hasta el domingo a mediodía.

Ese domingo teníamos comida familiar y mi rifa fue un gran éxito. Por ejemplo, no sabía que a mi abuela le interesaran unas zapatillas que ella misma había comprado para mí, pero resultó que sí, que me compró ocho papeletas (¿no sería para regalarme otra vez las zapatillas y estaba disimulando?).

También mis tíos se entusiasmaron con la rifa, por no decir mis padres, que, como si les diera pena que desaparecieran de casa los objetos, compraron todo el resto de papeletas que me quedaban. Hice el sorteo y, claro, mi abuela consiguió las zapatillas de deportes. A mi padre le tocó la colección de cómics, que para eso había comprado todas las papeletas. Mi primo se quedó encantado con el juego de mesa y el balón. Mi madre hizo como que le gustaban mucho las gafas de buceo y todos me felicitaron y me animaron con el proyecto del periódico para el colegio. Les gustó hasta el título *El Trueno Informativo* porque les pareció llamativo, desenfadado, moderno... Yo no les seguía mucho la conversación porque estaba contentísimo. ¡Había conseguido nada más y nada menos que cincuenta euros! Estaba deseando ver la cara de alegría de mis colegas periodistas cuando se lo contara.

Y no me defraudaron. Pablo dijo todos los tacos positivos que sabía. Abdul, "estupendo, tío"; Shyam, como estaba previsto, "gustar", y así, cada uno a su estilo, me felicitaron. Fueron momentos de intensa felicidad que me duraron hasta que mi padre, a la hora de la cena, me informó muy serio de lo que era un concepto absolutamente nuevo para mí y tenía el nombre de "costes de edición".

9 *Mis problemas familiares*

EL asunto ese de los "costes de edición" resultó que se trataba simplemente de calcular el precio que costaba imprimir nuestro periódico. Mi padre me explicó cómo se hacía. En primer lugar había que decidir el número de páginas que iba a tener el periódico. Yo le dije improvisando:

—Creo que veinte páginas estaría muy bien.

—Pues ahora –me contestó– multiplicas el número de páginas por el precio de cada fotocopia. Así sabrás lo que te cuesta cada ejemplar.

Cuando lo hube calculado, me dijo que multiplicara esa cifra por el número de ejemplares que queríamos repartir.

—Quinientos –contesté yo, así por decir algo, y me puse a multiplicar.

¡Qué barbaridad, cuantísimo dinero hacía falta! ¡Iba a tener que rifar hasta las sábanas de mi habitación! Con lo que había sacado de mis juguetes no tenía ni para empezar.

Sofocado, empecé a hacer cálculos y cálculos. Rebajé el número de páginas de cada ejemplar. Luego pensé que dónde íbamos con quinientos ejemplares, ¡qué exageración!

En definitiva y como resumen, después de muchos cálculos, el periódico se quedó con solo ocho páginas y el número de periódicos que íbamos a repartir era de cien ejemplares para toda la escuela. Pero a pesar de las rebajas, todavía faltaba mucho y no vi otra alternativa que ponernos a buscar algún trabajillo que nos permitiera conseguir el dinero de los dichosos "costes de edición". Había una parte del periodismo, en concreto esta, que me parecía francamente desagradable.

Estuvimos todos durante dos semanas trabajando en las más diversas tareas, todos menos Shyam. Sus padres se lo prohibieron bajo el argumento de que uno de los grandes avances de nuestra civilización había sido prohibir el trabajo infantil. Los veinte euros que nos habíamos propuesto aportar cada uno se los dieron directamente.

El resto nos pusimos a buscar trabajos que nos permitieran hacer esa recaudación.

Sí, yo también. Y no porque no tuviera veinte

euros o no me los fueran a dar mis padres si se los pedía, sino por solidaridad con el resto. Y además ya estaba harto de las miraditas que me lanzaban a veces como diciendo: "Claro, para ti es fácil porque como eres niño de papá...". Yo también quería ganármelos con el sudor de mi frente. Se lo dije a mis padres y les propuse hacer tareas en casa y que a cambio me dieran algo de dinero. Me miraron así como admirados y sonrientes, y me dijeron:

—Bueno, puedes sacar la basura.

Y lo hice rápidamente. Cogí la basura, bajé por las escaleras, la eché en el cubo grande de la comunidad y subí.

Encima de la mesa de la cocina donde íbamos a cenar me encontré con el dinero. Tenían razón mis nuevos fichajes con lo de que era hijo de papá. ¡Ya había ganado los veinte euros!

Tuve que devolverlos y tener una conversación muy seria con mis padres sobre los niños mimados a los que no me quería parecer. Ahora quería ganarme el dinero como mis amigos, esforzándome. Entre los tres establecimos el precio de diferentes tareas que podría hacer yo en casa.

Así que los veinte euros los conseguí después de bajar la basura todos los días, aspirar el coche

de mi padre y dejarlo bien limpio por dentro, comprar el pan para la cena, preparar todas las mañanas las tazas del desayuno para los tres y hacerme la cama nada más levantarme. ¡Creo que me los había ganado!

Mi madre le cogió el gusto y desde entonces no solo no cobraba por mi trabajo, sino que si fallaba algún día me reñían.

¡Me encantaba ser yo también un niño con problemas familiares!

10 *Carné de prensa*

A las dos semanas, la redacción del periódico *El Trueno Informativo* había conseguido reunir, entre ahorros, pagas y trabajos, la importante cantidad de 233 euros. Teníamos para varios números del periódico. Así que, resueltos por fin todos nuestros problemas económicos, había llegado el momento de estrenarse como reporteros ¡en busca de la noticia!

—¡Al servicio de la verdad! –dije yo, temiéndome que les diera por inventarse sucesos.

Abdul añadió:

—Y de la justicia.

Y Pablo:

—Y de la diversión.

Todos queríamos decir nuestra gran frase para nuestro gran periódico. Así que María propuso:

—¡Por la igualdad!

Ricardo, después de pensarlo un rato, dijo:

—Y por la mejora de nuestra escuela.

Shyam dijo una frase completa y ¡perfecta!:

—¡Estoy tan contento de haber venido a España y encontrarme con vosotros!

Nos emocionó a todos, tanto por el contenido como por la forma: ¡había aprendido a conjugar los verbos! Aunque ya se hizo un lío con lo que él proponía como lema del periódico. Al final descubrimos que lo que quería decir era: ¡Por la solidaridad!, pero no fue capaz de repetirlo bien y Pablo, muy generoso, le consoló diciéndole:

—No te preocupes, Shyam, que eso es difícil de decir para cualquier español que no haya cumplido por lo menos catorce.

Yolanda, muy concentrada, empezó a repetir en voz baja:

—Solidaridad, verdad, diversión, mejora del colegio, igualdad, justicia... falta algo, falta algo...

Y de repente lanzó un grito:

—Ya está... ¡por el amor!

Y todos aplaudimos, porque estábamos tan contentos que ya ni discutíamos entre nosotros y cualquier tontería de uno u otro nos parecía estupenda.

Bajo la cabecera del periódico donde ponía *El Trueno Informativo* escribimos en letra más pequeña todos nuestros lemas.

Después de tomar la que ya era tradicional merienda en mi casa, esta vez sin dulces de María, que había aportado el dinero de golosinas para el fondo común, pasamos a mi habitación y lo increíble fue que en esa ocasión Abdul dijo:

—¡Vaya habitación! Para ser la redacción de un periódico es pequeña y tiene pocas mesas.

Yo, que estaba en plan positivo, no quise entretenerme en contestar a las provocaciones. Así que hice oídos sordos y saqué la cámara digital. Habíamos decidido hacernos un carné de periodista para presentarnos en la primera línea de los sitios donde se producía la noticia, cumpliendo lo que en televisión habíamos oído definir como "misión informativa".

En realidad lo que pasaba es que nos encantaba tener un carné con nuestra foto, en el que pusiera nuestro nombre y en letras bien grandes:

PRENSA, REDACTOR
DE "EL TRUENO INFORMATIVO"

Uno a uno nos fuimos haciendo la foto.

Yolanda había venido con más coletas en la cabeza y más guapa que nunca. María estaba también muy guapa y muy simpática con sus coloretes. Pablo se había teñido el pelo de rubio oxigenado para esta ocasión y Ricardo había venido con el pelo bien engominado y repeinado. Shyam y yo, creo que los dos, estrenábamos camiseta, y Abdul trajo una camisa requeteplanchada de lo más elegante.

En la redacción reinaba un gran ambiente. Hicimos mucho el tonto mientras nos fotografiábamos, gritamos, gastamos bromas, nos reímos... y nos gustamos tanto en nuestras fotos que decidimos hacernos una foto de grupo para colocarla en un recuadro del periódico, en el que pusimos:

Periódico escrito por nuestros redactores,
los alumnos de 6.º,
Ricardo, Alejandro, Shyam, Yolanda...

Para estrenar nuestros carnés de prensa, yo propuse que nos fuéramos todos al cine gratis, que era lo que mi padre me había dicho que hacían los periodistas: entrar gratis en los cines, teatros, restaurantes... O sea, todo sin pagar, porque para eso luego hacían las críticas que convencían a la gente para ir a ver esas películas... No me estaba explicando muy bien, pero lo entendieron todos de maravilla.

Diez minutos más tarde estábamos los siete en la puerta del cine con nuestro nuevo y flamante carné de prensa, que previamente habíamos plastificado en la papelería.

El portero del cine los cogió todos, los miró por delante y por detrás y nos dijo:

—Redactores de *El Trueno Informativo*... los siete gratis...

Entendimos que ya podíamos pasar, pero nuestro paso al frente hizo que él se pusiera en medio de la puerta e iniciara una conversación con nosotros de lo más sosa, como si hubiera olvidado cómo se hacen las frases completas y solo fuera capaz de articular monosílabos. Algo así como:

—¡Alto!

Y Abdul insistió:

—Venimos a ver la película para escribir una crítica en nuestro periódico.

—¿Y?

—Pues que tenemos que pasar para ver si nos gusta y luego recomendarla.

—¿Para?

—¿Otra vez? Pues para que puedan venir a verla los compañeros del colegio.

—¿Cómo?

—Pues que vengan como quieran. El caso es que solo vamos a recomendar la película si nos gusta, ¿eh?

—¿Dónde?

—En *El Trueno Informativo*.

—Fuera.

Y por fin añadió una frase normal que hizo más coherente la conversación:

—Y que no os vea yo otra vez por aquí con ese carné de periodistillas, listillos, que sois unos listillos.

Me sonó muy mal lo de "periodistillas". Si era por nuestra edad y tamaño, podía habernos llamado "periodistitas", pero "periodistillas" nos dejó un gusto amargo en la boca, que arrastramos todos bastante desilusionados en nuestro camino de vuelta a casa. Aunque como dijo Shyam para consolarnos:

—Nunca pensar en crítica de cine, no importar.

Pero en realidad lo que nos animó fue la propuesta de María:

—Nada, pedimos a nuestros lectores dinero

para el periódico y la próxima vez compramos las entradas y ya está.

Echamos a correr de nuevo hacia la redacción del periódico y rellenamos una página completa con un dibujo de Ricardo en el que se veía a un montón de niños y profesores haciendo cola con las manos llenas de euros, esperando para echarlos todos en una caja donde se leía: *Aportaciones voluntarias a "El Trueno Informativo"*.

El entusiasmo y las risas volvieron de nuevo a la redacción cuando empezamos a inventar frases llamativas para este anuncio. La mía fue abucheada.

—*El Trueno* te necesita, contamos contigo.

Tenían razón, mi frase era muy sosa, pero tampoco estaba dispuesto a admitir las extravagancias de Pablo:

—Enróllate, tío, *El Trueno* se porta.

Por razones obvias, tampoco se aprobó la de Shyam:

—*Trueno* gustar, dinero poner.

Triunfó Abdul:

> *Con "El Trueno Informativo"*
> *de risa explotarás.*
> *Deja tu dinero*
> *y lo comprobarás.*

Y nosotros mismos explotamos a reír.

En fin, fue una tarde estupenda... Pensaba dedicarme al periodismo ya para el resto de mi vida.

Me acordaba de los resoplidos que con cara de cansancio daba mi padre todas las noches al volver del periódico. ¿Estaría agotado también de tanto reírse?

11 El vértigo del folio en blanco

Pero ¡vaya con el periodismo! Ni un día entero me dejaba disfrutar de los mejores momentos. La culpa la tuvo el que antes de irme a la cama se me ocurriera mirar el trabajo que habíamos hecho.

Ya habíamos dibujado la cabecera, escrito los lemas del periódico, colocado la foto de los redactores y preparado nuestro anuncio. Miré el resto del periódico: salvo esos detalles, todavía eran ocho folios prácticamente en blanco. Mi cabeza se llenó de enormes interrogantes sobre cómo íbamos a rellenar tantísimo folio.

Esa misma noche me dio por soñar que me encontraba sentado en mi mesa de estudio ante un montón de hojas, mientras alguien me amenazaba con unos castigos terribles si no las escribía todas.

Yo, sinceramente y sin engañarme a mí mismo, sabía que no era capaz y pensando en qué poner y cómo escribir, me entraba una angustia tremenda que me impedía hasta respirar.

Tres veces por lo menos me desperté sobresaltado y tres veces más mis pesadillas volvieron a repetirse.

A la hora del desayuno, mi padre me preguntó qué estaba soñando cuando chillaba asustado por la noche. Cuando se lo conté, me contestó con naturalidad:

—Tú lo que tienes es el llamado síndrome o vértigo del folio en blanco. Consiste en que te da un ataque de pánico cuando te encuentras ante un papel blanco que sabes que tienes que escribir, pero no sabes por dónde empezar.

—¿Cómo se pasa el ataque? –le pregunté.

—Escribiendo.

Y al oírle, el estómago se me encogió sin remedio para todo el día. Era como tirarse por un balcón para intentar curar el vértigo. No estaba preparado para ese tipo de remedios.

En los siguientes días comprobé que el síndrome del folio en blanco era una enfermedad muy contagiosa. No sé si en todos los periódicos o solo en la redacción de *El Trueno Informativo*. El caso es que nosotros quedábamos en el recreo, mirábamos nuestros carnés, luego nos mirábamos entre nosotros, sonreíamos y, sin decidir ni hacer absolutamente nada por nuestro periódico, esperábamos que el timbre, que sonaba como una liberación, nos devolviera al aula.

Luego, al terminar las clases huíamos cada uno a nuestra casa, dejando un rastro de angustia flotando en el aire.

Yo era el director y veía que tenía que hacer algo, era urgente empezar a hacer el periódico, pero una extraña fuerza me impedía actuar y me arrastraba hacia el sofá obligándome a sentarme ante el televisor.

Estaba dispuesto a cualquier cosa, antes que a entrar en mi habitación y ver sobre la mesa los folios tan blancos, tan tristemente vacíos, solo con la cabecera *"El Trueno Informativo". Por la verdad, la solidaridad, la mejora del colegio, el amor, la diversión y la igualdad.* Y, junto a esta declaración, un anuncio ¡pidiendo dinero!... a cambio de nada y, luego, ese recuadro que me torturaba diciendo: *Escrito por nuestros redactores...* ¿Escrito?... Y salía corriendo a la cocina, abría el frigorífico y los armarios... yogures, chocolatinas, patatas fritas, embutidos... todo sobre una bandeja, y ahí estaba yo otra vez delante del televisor atiborrándome de comida... esperando a que llegara la hora de cenar y después la de dormir, que me iba directamente a la cama sin mirar la mesa, como si un monstruo se encontrara allí para atacarme.

Esas fueron mis inútiles tardes, una detrás de otra. Tengo que reconocer que por lo menos el resto de los redactores no me atosigaron con preguntas que podían haber sido muy impertinentes, del tipo de "¿Qué? ¿Cuándo empezamos? ¿Qué hacemos?". O lo que hubiera sido peor: "¿Qué has pensado? ¿Qué has escrito?...".

La verdad es que estaban en su derecho, ya que yo era el director, pero mostraron bastante sensibilidad y solo me miraban preguntándome con los ojos, que no es lo mismo que con palabras. Las miradas se puede hacer como que no se entienden, que de hecho es lo que yo hacía... no darme por enterado.

Al décimo día pensé que esa situación no podía continuar.

El periódico debía seguir adelante.

Tenía que tomar una determinación y lo hice.

Convoqué una reunión de la redacción: les iba a contar lo que es el síndrome del folio en blanco.

12 *"Me llamo Shyam"*

ME llamo Shyam González Álvarez. Soy moreno y bajito. El más moreno y bajito de la clase. Eso es porque vengo de un país lejano en el que las personas somos morenas y bajitas y las montañas son blancas y altas.

Mi país se llama Nepal. Está en Asia, debajo de China y sobre la India. A lo mejor no habéis oído el nombre de Nepal porque es un país muy pequeño, pero en mi país está el Everest, la montaña más alta del mundo.

Cuando vivía en mi país, todas las mañanas al levantarme veía desde mi ventana una cordillera de montañas altas y nevadas, que me gustaban más que los edificios altos que veo ahora desde la ventana de mi habitación. Yo vivía con mis padres, mis dos hermanos mayores y mi hermana pequeña en un valle muy verde y frondoso, que se llama Katmandú. Allí teníamos una casa, un huerto y animales. Por eso, yo sé hacer cosas que ninguno de los niños de mi clase sabe hacer.

Yo sé ordeñar vacas. Se pone uno en una banqueta y se aprietan las ubres de la vaca para que salga leche, pero hay que hacerlo bien, como me enseñó mi padre, porque si se aprieta demasiado fuerte, la vaca se enfada y te tira de una patada el cubo de leche, pero si se hace muy suave, no sale la leche. También sé recoger los huevos que ponen las gallinas, aunque esto, la verdad, es muy sencillo. Y sé regar el huerto, que también es sencillo, y recoger los tomates cuando están maduros y las demás verduras, como las judías verdes, patatas, calabacines, pimientos... y lo más importante, creo yo, es que sé hacer una casa. Bueno, sé ayudar a hacer una casa, porque la casa donde vivíamos la hicimos entre mi padre, mis hermanos y yo. Yo, como era el más pequeño, era el que subía por los troncos y ataba las maderas arriba para hacer el techo. Para las paredes hacíamos adobe –que es una mezcla de barro y paja– y lo colocábamos entre todos.

Ya veis que, aunque cuando vivía en Nepal yo era muy pequeño, tenía muchas cosas que hacer: ordeñar, regar, cuidar el huerto y vigilar que no robaran, porque en mi país si te descuidas te roban. Porque en Nepal es como si la gente no tuviera dinero y pasara hambre y estuviera siempre buscando alimentos, o pasara frío y buscara mantas para abrigarse. Yo también pasaba un poco de hambre, sobre todo porque mis hermanos mayores nunca me dejaban arroz para mí, solo la leche y el pan que mi madre hacía en el horno. Mi madre hacía pan una vez a la semana, así que muchos días el pan estaba duro.

De mi madre no puedo hablar porque ya no me acuerdo de cómo era. Murió y mi padre dijo que la encontraríamos en la siguiente vida. Porque en mi país cuando te mueres no vas al infierno ni al cielo, sino que empiezas otra vida como animal o planta u otra persona.

Una de las cosas peores de mi país es que las personas se mueren muy jóvenes y el que llega a los cincuenta años ya parece que es muy viejo. Así que un día, cuando solo tenía 39 años, también murió mi padre. Entonces yo era mayor y me enteraba de todo y me parecía que íbamos a estar muy solos mis hermanos y yo. Estuve muy triste. Mis hermanos mayores me consolaban y me empezaron a dar arroz. Se portaron muy bien conmigo y con mi hermana pequeña. Seguimos cuidando el huerto y los animales. Mis hermanos llevaban las hortalizas que nos sobraban al mercado para venderlas y con el dinero unas veces *comprábamos arroz, otras harina o zapatos, o cosas que necesitábamos.*

Un día me tocó ir al mercado para vender nuestras verduras. En el camino, yo creo que porque era muy pequeño, tres chicos más grandes salieron con palos para robarme el saco de hortalizas. Yo me defendí, pero me pegaron muy fuerte con los palos. Me hicieron mucho daño, tanto daño que perdí el conocimiento.

Cuando me desperté no estaba ni en el camino, ni en mi casa, ni en mi aldea. Me habían llevado a la capital, a un edificio que se llama orfanato, donde vivíamos juntos los niños pequeños que no teníamos padres ni familia. Otra vez empecé a estar triste y me pasaba el día detrás de los jefes del orfanato intentando convencerlos de que yo sí que tenía una familia, que quería irme con mis hermanos. Pero no me hacían caso y solo una monja muy buena me acariciaba la cabeza y me decía:

—Ya verás como vendrán unos padres que te llevarán a otro país donde tendrás una nueva familia y amigos que te querrán mucho. Allí vivirás muy bien y serás feliz, no te preocupes.

Yo pensaba que lo decía por decir, pero era verdad.

Un día vinieron a verme un señor y una señora que eran mucho más blancos y más altos que todos

nosotros. Hablaban una lengua extraña para mí y me miraban todo el rato sonriendo y diciéndome cosas que no entendía.

La monja hacía de intérprete y yo a todo lo que me preguntaban contestaba que sí, porque al principio me daban un poco de miedo. Ellos decían:

—¿Quieres vivir en España?

Y yo:

—Sí

—¿Quieres tener unos nuevos padres?

—Sí

—¿Nos quieres a nosotros como padres?

—Sí... sí... sí.

Y como a todo dije que sí, mis padres adoptivos me trajeron a España.

Ya entiendo, sé hablar y escribir español, pero no muy bien... así que yo he contado todo esto a mis nuevos padres y ellos me lo han escrito bien.

Aquí estoy muy contento. Mis padres son buenos y me quieren mucho, voy al colegio, tengo amigos y ya soy redactor de un periódico.

Ahora como mucho pescado, aunque no me gusta, porque mis padres dicen que el pescado me hará crecer como los demás niños de mi clase. Por eso yo quiero volver a visitar mi país, Nepal, antes de que haya crecido y sea tan alto que cuando llegue nadie me conozca. Como soy un poco extranjero en España, no me gustaría parecer también un extranjero en mi aldea.

Shyam levantó la vista de los papeles que lentamente nos había estado leyendo al resto de la redacción y nos miró.

Estábamos emocionados. Yo y todos. Y creo que para que no se notara que teníamos ganas de llorar un poquito por la vida de Shyam y sus hermanos, nos pusimos a aplaudirle.

De repente, un ansia de escribir contagió a toda la redacción. ¿No era ese día cuando yo tenía decidido hablarles del síndrome del folio en blanco? ¡Qué extraña enfermedad que tiene una curación tan repentina y caprichosa! En esos momentos no recordaba ni su nombre ni haberla padecido. Así que de manera natural pasamos a la acción. Asumí otra vez la responsabilidad de ser el director y con el mejor instinto periodístico, que seguro que habré heredado de mi padre, dije:

—Este artículo va a causar sensación, le dedicaremos las páginas centrales.

Y nos pusimos a hacer un trabajo sobre Nepal, el país de Shyam. Comprobamos que era un país pequeño, que tenía forma achatada... parecía un país bajito como Shyam. Vimos que tenía la cordillera del Himalaya con los picos más altos del mundo y, en fin, aprendimos un montón de cosas más de esas que se escriben cuando se quiere hacer un buen trabajo en clase. Empleamos toda la tarde, que si dibujos, que si escanear las postales de Nepal que Shyam nos había traído, que si un titular enorme con un color muy bonito. Nos quedó una doble página preciosa.

Shyam se lo merecía.

¡*El Trueno Informativo* de nuevo en marcha!

13 Encuesta en el comedor

EL día 28 de mayo del año pasado, cincuenta alumnos del colegio entraron en el comedor con un papel en la mano en el que habíamos escrito siete preguntas, una inventada por cada redactor:

1. ¿Te gustaron los tallarines pegajosos de la comida del lunes?
2. ¿Qué harías, si pudieras, con el arroz con leche que nos dan todos los jueves?
3. ¿Por qué crees que las lentejas del colegio están aguadas y las de casa saben buenas?
4. Entre las siguientes, señala la frase que te parece más adecuada:
   — Los filetes empanados me gustan.
   — Los filetes empanados están duros.
   — Los filetes empanados están durísimos.
   — Los filetes están tan duros que a lo mejor son de carne de un animal prehistórico.

5. *En tu opinión, el pescado rebozado que nos sir-*
   ven ¿a qué animal acuático pertenece?
6. *¿Serías capaz de encontrar cuatro sinónimos*
   que expresen tu opinión sobre la comida que se
   sirve en el comedor del colegio? Escríbelos.
7. *Reflexiona y define con tus propias palabras el*
   sabor de las croquetas.

Rellena esta encuesta y entrégala a la salida del
colegio a los redactores de "El Trueno Informativo",
que se encontrarán debidamente apostados en la puer-
ta de salida.

Estábamos francamente orgullosos de nuestra
encuesta. Y yo particularmente de la frase "los
redactores se encontrarán debidamente apostados". Las primeras preguntas las hicimos así, a
boleo. Pero a partir de la tercera, Abdul propuso
que copiáramos el tipo de frase que suelen poner
en los libros de texto y nos quedó una encuesta
muy de periódico serio.

De hecho, mi padre la leyó y yo creo que
intentó buscar algún defecto, pero no pudo y al
final dijo exactamente:

—Correcta. Sí, señor, muy correcta.

Eso, para ser mi padre, es como "¡Fantástico!
¡Maravilloso!".

Y qué decir de mi madre, que es tan exigente para estas cosas. Literalmente dijo:

—¡De auténticos profesionales! ¡Impactante!

Y lo fue. Para empezar, los que habían conseguido la encuesta empezaron a leerla en voz alta durante la comida, lo que provocó unas conversaciones animadísimas, muy por encima del tono habitual del comedor, que ya de por sí suele ser bastante alto.

El resultado fue que los profesores que ese día vigilaban el comedor lograron coger una y en corro se pusieron también a comentarla muy animadamente. La mala suerte hizo que en ese momento pasara el director por el comedor y se enterara del motivo del barullo. Riñó a todos. A los alumnos, por gritar y no comer, y a los profesores, por leer y no vigilar. Se acordaba de nosotros, de los redactores de *El Trueno Informativo*, porque su mirada recorrió todas las mesas y se posó al fondo a la derecha, donde justamente estábamos sentados los siete. Entonces dijo, precisamente citando la mejor frase de la encuesta:

—Y los redactores esos de *El Trueno Informativo*, si no quieren vérselas conmigo, que se abstengan muy mucho de estar debidamente apostados recogiendo los papelitos estos a la salida del colegio. Los voy a recoger yo mismo y ahora mismo.

Yo pensé que si hubiera estado mi padre le habría dicho que se expresaba muy mal con eso de "muy mucho, yo mismo y ahora mismo". Vale que pudiera ser director del colegio, pero como director de periódico, no tenía ni idea.

Este oficio es duro y no está hecho para cualquiera. Prueba de ello es que apenas había empezado a ejercer mi profesión y ya estaba recibiendo amenazas. Y lo que es peor, veía cómo requisaban nuestro material, porque acabó diciendo:

—Y ahora todo el mundo me entrega de inmediato estos folios difamatorios.

Vi a Pablo cómo abría su cuaderno de periodista y escribía "difamatorios" en su lista de "palabras periodísticas interesantes".

El director se paseó por todas las mesas y recogió cuatro encuestas. Tres eran de tres alumnos despistados, que siempre los hay como dice mi profe "con reacciones lentas, que si seguimos esperando a que contestes nos vamos a dormir". Y la cuarta encuesta era la de la profesora Paquita, que intentó hacerse la despistada, pero la pilló. El resto, las otras cuarenta y seis encuestas desaparecieron. Nadie vio cómo, ni los profesores ni los alumnos. El director se dirigió a mí preguntándome si había más encuestas en el comedor. Y yo, que no puedo mentir, de director a director, le contesté:

—Yo no veo ninguna más, señor director.

Y noté como Ricardo, María, Shyam, Yolanda... en fin, mis redactores, se aguantaban la risa y Abdul me daba una patada de ánimo.

El misterio de la desaparición de las encuestas se resolvió de manera natural al terminar las clases, cuando a la salida del colegio cuarenta y seis niños nos buscaron y nos entregaron los cuestionarios ya contestados. La verdad es que recibimos cincuenta y tres folios. Eran cuarenta y seis encuestas y siete papeles en los que alumnos de diferentes clases nos escribían cosas como:

Todos nosotros también queremos contestar la encuesta, pero nos falta el papel, ¿podéis repartir más?

Y firmaban un montón de alumnos.

—El poder tiembla ante la verdad –fue la frase misteriosa de mi padre esa noche, cuando le conté lo que había pasado.

¿El poder tiembla? ¡El director de *El Trueno*

Informativo, ese sí que temblaba! Temblaba y le sudaban las manos cuando a la mañana siguiente repartía cincuenta nuevas encuestas en la puerta del colegio.

Al terminar las clases, recibimos otras cuarenta y nueve encuestas contestadas. La que faltaba llegó a las manos de la redacción de *El Trueno Informativo* dos días más tarde con una nota que decía:

Perdón por el retraso, pero me puse enfermo y me tuve que ir a casa, que creo que la comida me sentó fatal y me dio diarrea.

Y es que tenían razón los resultados de la encuesta: la comida era asquerosa.

14 *"Así es... Así nos gustaría"*

¿**P**OR qué dicen que los niños de ahora no tenemos imaginación? Hágannos las preguntas adecuadas y comprobarán la falsedad de esa afirmación. En mi colegio, por ejemplo, preguntamos "¿Qué harías tú con el arroz con leche que nos dan todos los jueves?" y, entre casi cien respuestas, no hubo ni una repetida. Así que no pudimos escribir todas en nuestro periódico y pusimos solo una selección de las que nos parecieron más constructivas:

Lo utilizaría como masa para hacer figuras del Belén de Navidad.

Se podría guardar para rellenar los socavones que el camión de la basura ha hecho en mi calle.

Lo utilizaría de alimento para envenenar a los animales asquerosos, como ratas de alcantarilla y cucarachas.

Lo curioso fue que nadie contestó lo que parecía más natural: "Me lo comería". Como mi padre me había contado que es siempre noticia lo extraordinario, no lo normal, ateniéndonos a las normas del periodismo titulamos:

RESULTADOS DE LA ENCUESTA
SOBRE LA COMIDA COLEGIAL:
NADIE SE COME EL ARROZ
CON LECHE POR GUSTO

Y debajo, pusimos lo más genial: una serie de fotos que durante una semana estuvimos haciendo a los platos. Bajo ellas escribimos: "Así son". Y a su lado colocamos otras fotografías de recetas que habíamos recortado de revistas, con la frase "Así nos gustaría". Si comparabas las fotos de un lado y otro, te estremecías viendo la diferencia. A la izquierda, una pasta descolorida y pegajosa; a la derecha, un estupendo arroz con leche con su canelita; a la izquierda, unas patatas aguadas con unos restos de pimiento verde; a la derecha, un guiso espesito en su punto; a la izquierda, un trozo de pescado desconocido y deforme... En fin, a la izquierda, siempre formas descoloridas y pegajosas, y a la derecha, sencillamente, comida.

Fuimos anotando las respuestas de las encuestas y, como dice mi abuelo, "hay gustos para todos", porque a la pregunta número uno, hubo tres que contestaron: "Sí".

También es cierto que uno lo había aclarado añadiendo: "A mí es que la pasta me gusta tanto, que hasta esos tallarines pegajosos me los como muy a gusto". El caso es que salvo estas excepciones la opinión de los alumnos no podía ser peor y, mientras leíamos las respuestas, nos íbamos indignando. ¡Era cierto que el pescado parecía carne de sapo! O como decía otro: "¡No puede ser que ese pescado pertenezca a ningún animal del mar, que son todos muy bonitos!". Y lo peor fue cuando empezamos a anotar los adjetivos con que se describían las croquetas: "asquerosas, repugnantes, recontrasquerosas...".

—¡No hay derecho! –dijo Yolanda y propuso que escribiéramos un artículo muy serio reclamando que se tomaran medidas para acabar con ese abuso.

Utilizando una de las palabras que Pablo tenía apuntadas para nuestro periódico, titulamos *Los alumnos detestan la comida*. Es decir, que la odian.

¡Por favor, que alguien le compre ya un libro de cocina al cocinero!, fue la frase con la que terminamos nuestro artículo.

En este punto tuvimos que suspender el trabajo de la redacción.

Teníamos el estómago revuelto.

15 *Una noticia exclusiva*

A la cuarta pregunta, el conserje se cansó de contestar nuestro cuestionario, que tan cuidadosamente habíamos preparado para la entrevista. "Que cuántos años llevo aquí, que si me gusta, que si son diferentes los niños de ahora, que si... tonterías, pero ¿quién os ha enseñado a vosotros a hacer entrevistas?"

Los siete contestamos a la vez:

—Nadie.

—Es que no tenéis ni idea. Pasan las noticias por vuestras narices y no os enteráis. Se acabó la entrevista. Seguidme.

Lo dijo todo con tanta seguridad y convicción, que le seguimos sin rechistar. Las clases habían terminado y el colegio estaba ya vacío. Cruzamos por los pasillos silenciosos y salimos al patio. Se plantó en el centro y, mirando a la izquierda y a la derecha, nos preguntó:

—¿Qué veis?

Unos vimos el patio; otros, casas por detrás del colegio; otros, árboles, y Shyam dijo "cielo".

El conserje José López Molina, que ese era su nombre, suspiró y, con una expresión en la cara que parecía decir "hay que ver lo que tiene uno que aguantar con estos tontos que no entienden nada", se armó de paciencia para ver si lográbamos entender lo que nos quería contar.

—Vamos a ver. ¿Qué veis a la derecha, detrás del colegio?

—Casas.

—¿Casas viejas o casas modernas?

—Modernas.

—Eso es, modernas y muy caras. Y a la izquierda, ¿qué veis?

—Casas viejas y baratas –contestamos adelantándonos a su lógica, lo que le sorprendió muy favorablemente.

—Sí, señor, estos son mis chavales periodistas, muy avispados. Y en medio, ¿qué es lo que hay?

—El colegio.

La respuesta era tan fácil que esta vez no nos felicitó.

—Justamente. ¿Y qué tipo de colegio es?

Aquí las contestaciones fueron muy variadas. A Shyam le parecía muy bonito, a Yolanda viejo, a Pablo aburrido, a Abdul...

—No, si lo tendré que decir todo yo –interrumpió el conserje. Un comentario injusto en mi opinión, porque no nos estaba diciendo nada y, sobre todo, nada que fuera noticia, porque evidentemente todo el colegio sabía que alrededor había casas modernas y casas viejas, que para eso vivíamos en ellas, que todos éramos del barrio.

Y entonces fue cuando empezó a hablar y hablar... y comprendimos que sí, que era una gran noticia.

No. Me equivoco.

No fue entonces.

Primero se empeñó en hacernos jurar que, como buenos periodistas, no debíamos nunca, ni bajo amenazas, desvelar nuestra fuente. O sea, que no debíamos de ninguna manera decirle a nadie quién nos había dado la noticia. Y luego, y esto sí que nos dolió, nos hizo borrar de la cámara digital todas las fotos que nos habíamos hecho con él y que pensábamos publicar con el siguiente pie de foto: "Los redactores de *El Trueno Informativo* con el entrevistado". Pero tuvimos que borrarlas. En fin, una buena noticia exclusiva requiere ciertos sacrificios.

Y entonces sí, entonces fue cuando empezó a hablar y hablar.

Con lo que nos contó decidimos escribir un artículo. Dada su importancia, yo como director, propuse que fuera en la portada de *El Trueno Informativo*. Y como mis redactores eran así, que a veces sí hacían caso al director y otras que de ninguna manera, esta vez dijeron que sí, que lo poníamos en portada.

Tras tres horas de intentos y sin que hubiera manera de que nos saliera bien la redacción del artículo, Abdul me dijo que por qué no le preguntábamos a mi padre cómo se escribe una noticia. Fui a buscarle y se presentó de inmediato en la redacción de *El Trueno Informativo*, o sea en mi habitación. Y como él es así, siempre sorprendente, nos dijo:

—Tomad nota. Uno: lo más importante se explica en el primer párrafo. Dos: se escriben datos y hechos. No se admiten opiniones. Tres: el titular resume el contenido. Cuatro: claridad y frases cortas, por favor. Para mí, lo más imperdonable es que el lector se aburra. Quinto: Alejandro, tu madre y yo salimos al cine. Volveremos para cenar. Yolanda, esto no hace falta que lo anotes –nos sonrió a todos y cerró la puerta, diciendo–: Ánimo, que el oficio se aprende ejerciendo.

Nos quedamos mirándonos en silencio y, entonces, volvió a abrir la puerta.

—Escribid el primer párrafo y luego, leyéndolo, comprobáis que habéis escrito las respuestas a estas preguntas: qué, cómo, cuándo, dónde, quién y por qué, ¿entendido?

Parecía un acertijo, pero fue sencillo:

Qué: El colegio está en peligro.

Quién: El Patronato lo quiere vender.

Por qué: Para hacer negocio con los terrenos.

Cuándo: Al finalizar el curso.

Cómo: Negocia con unos empresarios que quieren construir casas.

Dónde: En el terreno donde ahora se encuentra el colegio.

No hay nada como ordenarse la cabeza. A partir de aquí y haciendo más o menos caso a las normas de mi padre, salió todo de corrido:

NOTICIA EXCLUSIVA
DE "EL TRUENO INFORMATIVO":
EL PATRONATO QUIERE CERRAR
NUESTRO COLEGIO

Desde principios de año, el Patronato de nuestro colegio, es decir los propietarios, mantiene conversa-

ciones con un grupo de empresarios que quieren construir casas en los terrenos que hoy son del colegio. Esto significaría que al finalizar este curso se cerraría nuestro colegio y se echaría abajo.

Según fuentes muy bien informadas, pero que no podemos desvelar de ninguna manera, el Patronato del colegio ha informado al director de que sería muy conveniente la venta, argumentando que el colegio está muy viejo y será muy caro reparar los desperfectos, por lo tanto resulta más barato construir uno nuevo en las afueras.

Pero la verdad de lo que ocurre es que este colegio se encuentra situado en el centro de la ciudad, en una zona en la que las casas son cada día más caras y se tiran las viejas para levantar otras nuevas por las que cobran muchísimo dinero. Y como esto es un buen negocio, el grupo de empresarios ha prometido al Patronato pagarle a cada uno de sus miembros mucho dinero si aceptan vender el colegio.

Nuestro colegio tiene 2.300 alumnos que se quedarían sin escuela en el barrio y tendrían que desplazarse en autobuses. Esto es malo para nosotros los alumnos por estas razones:

— Perderíamos mucho tiempo para estudiar y jugar metidos en un autobús.

— *El transporte escolar puede ser peligroso.*

— *Perderíamos a nuestros amigos del barrio.*

— *Los profesores estarían cansados de ir en autobús y nos darían peor las clases.*

— *No nos podríamos quedar después de las clases a jugar en el patio con los amigos.*

Todas estas razones son más importantes que los negocios de unos pocos.

Está bien. No habíamos seguido las normas de mi padre. Algunas frases eran largas y escribimos opiniones, pero ¿qué podíamos hacer cuando querían dejarnos sin colegio? Por lo menos mi padre tendría que reconocer que no habíamos cometido el delito "imperdonable" del periodismo: aburrir al lector.

16 *"El Trueno" se subasta*

EL número uno de *El Trueno Informativo* se distribuyó entre los alumnos del colegio a primera hora de la mañana del jueves de la primera semana de junio.

Se agotaron los cien ejemplares.

A la hora del recreo ya se cotizaban a "te regalo el boli superguay si me das *El Trueno Informativo*".

A la salida del colegio, Pablo mantenía el orden en una cola de alumnos que daban su nombre a Ricardo y Yolanda.

—Son nuestros suscriptores y quieren un ejemplar– me explicó Shyam.

Me acerqué a un corro de alumnos en el que un compañero de clase leía en voz alta:

...y para no aburrirte en clase de una manera mortal, lo que hay que hacer es utilizar la cabeza, que es una parte del cuerpo que yo creo que da mucho

de sí. Puedes, por ejemplo, jugar con tu cabeza a juegos que tú mismo te inventas... que si pensar en si eres capaz de decir diez nombres de actores de cine que empiecen por "A"... O puedes imaginarte a quién elegir "mocoverde" de la semana, o también se puede utilizar la cabeza para pensar en...

En el siguiente corro encontré a María, que decía que "Shyam, el de la historia tan bonita, es ese de allí y también es periodista".

Algunos padres que habían ido a recoger a sus hijos se preguntaban si sería verdad lo de la venta del colegio o se trataría simplemente de cosas de críos. Otros lo daban por hecho y decían que había que pedir explicaciones e intentar impedirlo.

En el siguiente corro se subastaba un ejemplar de *El Trueno Informativo*. Las apuestas estaban altas, un chico estaba ofreciendo un cuento que ya había leído y otro levantó la mano:

—Yo subo, te lo cambio por dos de la misma colección.

Y entonces, al ver que *El Trueno Informativo* había tenido tanto éxito, yo que con el periodismo soy así, en lugar de reírme y pasármelo bien, empecé a pensar en el siguiente número.

¿Conseguiríamos dinero? ¿Tendríamos noticias que contar? ¿Gustaría tanto como el primer número? ¿Merecía la pena seguir con tanta preocupación o lo dejábamos ya de una vez? Y entonces se me acercó Shyam muy contento a decirme:

—Ahora tengo muchos nuevos amigos. ¿Y sabes lo que me ha dicho Paola?

—No, ¿qué te ha dicho?

—Que no es verdad, que no soy tan bajito. ¡Gustar, gustar, gustar!

Y salió corriendo.

¿Qué era lo que le gustaba, Paola o lo que le había dicho Paola?

Y a mí, ¿qué esperaba Beatriz para felicitarme?

17 Secreto profesional

—RICARDO, María, Abdul, Yolanda, Pablo, Shyam y Alejandro, no, tú no, Gómez, el otro Alejandro, ya sabe él.

El otro Alejandro era yo y el que decía nuestros nombres con cara seria era el director del colegio, que había entrado a mitad de clase en nuestra aula. Nos dijo que le siguiéramos a su despacho.

Muy intrigados caminábamos por el pasillo cuchicheando. Ricardo y Pablo, que son muy optimistas, estaban convencidos de que nos iba a felicitar por el periódico, pero el resto no esperábamos nada bueno de tanta seriedad. Me empujaron para que le preguntara qué ocurría y el director nos respondió:

—Nada, tranquilos, solo es que dos miembros del Patronato del colegio quieren hablar con los que habéis escrito *El Trueno Informativo*.

Pero no, yo no estaba tranquilo, entré en el

despacho del director como me imagino que se entra cuando se ha hecho una pifia, o sea, con cara de culpable y una sensación de que va a pasar algo que no te va a gustar ni un pelo.

Sentados en las butacas estaban dos señores que se presentaron como Juan Fernández y Jorge Alonso. Vestían no como nuestros profesores o el director, sino con trajes de los que se pone la gente para ir a las bodas, que yo había ido una vez a una y más o menos todo el mundo iba vestido así. Nos miraron en silencio y el señor Fernández dijo:

—Pues sois muy niños todavía. Vaya, vaya, y ¿quién os ha ayudado a hacer el periódico?

Pablo, que es el más valiente, le dijo que nadie, que lo habíamos pensado todo nosotros, lo habíamos escrito, habíamos hecho las fotocopias y lo habíamos grapado y repartido.

Entonces el señor Alonso felicitó al director por la buena educación que se nos daba y a todos nosotros por haber tenido la iniciativa, que desde luego era una labor encomiable (una palabra digna de la lista de palabras de Pablo, pero que nadie se atrevió a apuntar); y dijo que el periódico estaba muy bien, que habíamos demostrado una gran valía... Y así estuvo un rato largo hablando y hablando bien de nosotros y de nuestro periódico. Pero no sé si era por la cara del otro señor, de Juan Fernández... o por el tono de la voz... o por la cara de preocupación que tenía el director... o por las tres cosas a la vez, el caso es que no estábamos contentos. Algo pasaba que en realidad no nos parecía que nos estuvieran felicitando.

Durante días guardé de esta entrevista un recuerdo en mi brazo izquierdo, grabado por María, que muy nerviosa me apretaba sin medida. Shyam me miraba asustado. A Pablo se le notaba que se enfadaba. Ricardo movía el pie muy deprisa como hace cuando ya no puede más, y Abdul murmuraba muy bajito:

—Es un falso, es un falso, no le ha gustado nada.

El ambiente se estaba poniendo tenso y pensé que me tocaba a mí, como director de *El Trueno Informativo*, acabar con esa comedia. Así que, armándome de valor, levanté la mano muy educadamente pidiendo permiso para hablar.

El señor Fernández le hizo un gesto al señor Alonso, como diciéndole "calla ya con tanta tontería", y, dirigiéndose a mí, dijo:

—Dime, hijo.

Lo de "hijo" no me gustó tampoco, porque yo no era su hijo y no me gusta que me traten así, como cuando Beatriz quiere molestarme y me dice "dime, guapo", que aunque dice "guapo" suena a "¿qué quieres, idiota?". Pues así me sonó lo de "dime, hijo". Pero no podía defraudar a la redacción callándome, así que contesté:

—En nombre de todos los redactores de *El Trueno Informativo*, le doy las gracias por sus felicitaciones y ahora nos vamos, que estábamos en clase de matemáticas y si se pierde el hilo, luego no se entiende nada.

Y todos nos precipitamos hacia la puerta.

—Un momento, un momento, un momento, que ahora viene la segunda parte –dijo el señor Alonso.

Y la segunda parte era como un interrogatorio. Querían saber quién nos había dicho que el colegio se iba a vender. Nos riñeron por dejarnos embaucar y publicar esa gran falsedad. Insistieron en que les dijéramos quién nos había engañado. Dijeron que todo lo hacían "por amor a la verdad y para poder aclarar bien las cosas a quien os lo haya dicho y sacarle de su confusión", pero ¡ay!, otra vez el tono fallaba y no parecía que fuera por amor a la verdad, sino por afición a la venganza.

Así que recordamos nuestro juramento al conserje y, por más que presionaron, solo contestamos uno detrás de otro que eran "fuentes bien informadas que no podíamos desvelar". Lo dijimos así, como auténticos profesionales del periodismo, o más o menos así, que María dijo que no lo podía decir "ni que me regalen una pastelería ahora mismo"; Shyam, "jurar no decir", y Pablo, "no lo digo, que yo soy un tío legal".

Es decir, que no lo dijimos acogiéndonos a que era secreto profesional. Entonces el señor Juan Fernández dijo, ya abiertamente enfadado:

—Pues entonces, ya que sois tan listos y profesionales, sabréis también lo que es el derecho de rectificación.

Y ahí fuimos los siete unánimes:

—No.

El director, al que se veía nervioso y yo creo que estaba sufriendo, porque aunque es muy severo, está claro que nos quiere más a los alumnos que a los del Patronato, nos explicó lo que era de manera muy suave:

—Veréis, cuando se publica una noticia que alude a una persona y esta se siente ofendida o demuestra que no es verdad, tiene derecho a que en el mismo periódico se publique su versión de los hechos. Estos señores del Patronato lo que os ruegan es que publiquéis en el siguiente número de *El Trueno Informativo* un artículo rectificando vuestra información anterior.

No entendíamos exactamente qué teníamos que hacer, pero los señores Alonso y Fernández, entre los dos, nos lo aclararon muy bien. No rogaban nada por favor. Exigían y nos amenazaban con expulsarnos en caso de que no atendiéramos a su petición:

—En menos de siete días queremos ver cómo repartís en el colegio, no cien, sino mil ejemplares de *El Trueno Informativo* ese. Publicaréis una sola hoja en la que pondréis el artículo que os entregaremos. La edición la pagamos nosotros. Y todo lo haréis de manera diligente y eficaz y que ni se os ocurra escaquearos. Luego ya podréis cerrar *El Trueno Informativo* ese, que hasta el nombre que tiene es horroroso.

Y Ricardo, que es tan nervioso, no pudo por menos de protestar:

—¡Pero si ha dicho hace un momento que le había gustado y que era una gran labor!

Y Alonso contestó:

—¿He dicho eso, eh?, pues ahora ya no me gusta. Marchando los siete a clase de matemáticas. El director os dará mañana el artículo.

Y es que tenía razón Pablo, "eran unos falsos". Y apuntó en su cuaderno: "De manera diligente y eficaz".

18 *Entre poetas*

EL conserje, que se entera de todo, que para eso era "nuestra fuente bien informada", se acercó a nosotros disimuladamente durante el recreo y dijo:

—Unos buenos periodistas profesionales no habrán revelado sus fuentes, me imagino.

Pablo le contestó:

—Pero, tío, ¿somos o no somos colegas?

El conserje tradujo correctamente esta expresión:

—No habéis cantado, ¿eh? No esperaba menos de vosotros. Y el buen comportamiento tiene recompensa. Al finalizar las clases, la fuente manará de nuevo –y desapareció, tal como había llegado, como un fantasma.

Y es que al conserje, estaba claro, le gustaba jugar a las adivinanzas y hacerse el listo con nosotros. Empezamos a discutir si había dicho que la fuente "manará" o "mamará". Como "mamará" no tenía sentido, Yolanda fue a consultar el diccionario y resultó que "manar" es lo mismo que "brotar un líquido". Abdul dijo que si de la "fuente saldrá un líquido" y la fuente estaba claro que era el conserje, lo que quería decir era que nos iba a contar más noticias.

María, incrédula, dijo:

—¿Síííííí? ¿Entonces por qué no dice simplemente que vayamos a verle, que tiene algo que contarnos?

Y yo, que de todos ellos para eso de las clases era el más listo y estudioso, les dije lo que había leído en el libro de literatura:

—Dice las cosas sencillas de manera complicada y bonita. A eso se llama "metáfora". Así hablan los poetas.

Y todos me miraron con admiración, como diciendo "hay que ver lo que sabe, se nota que es el director".

Pablo apuntó en su lista "metáfora" y dijo:

—No la anoto para utilizarla, sino para acordarme de que le tengo que decir al conserje que no nos hable con "metáforas", sino claro y sencillo, que se deje de cho... –y Pablo dejó la frase a medias, consultó su lista y añadió–: Eso, que se deje de "florituras". "Florituras" mola, ¿eh?

Me la puso la de lengua en la corrección: "demasiada floritura", y me dijo que quería decir que me había puesto demasiado poético.

Pablo lo dijo con tanto orgullo que parecía que en lugar de corregirle le habían elogiado y acabó diciendo "cada día me gustan más las palabras, a lo mejor de mayor me hago poeta, como José Luis, el conserje".

Y de poeta a poeta, no había manera de entenderse con el conserje. Pablo le dijo:

—Sintetiza lo que ocurre sin metáforas ni florituras.

Y el conserje contestó:

—¿Metáforas y florituras? Me agrada, ¡por fin, un alma gemela!

Y empezó a hablar de esa manera que no nos enterábamos:

—Sucede que acontece que en los próximos días, cuando entre los muros de este recinto, altar de la sabiduría, reine el más recogido silencio y la ausencia de los pupilos sea palpable y evidente...

Pablo no paraba de apuntar palabras, pero el resto nos miramos alarmados, pensando que se había vuelto loco perdido.

—Ha dicho "SIN metáforas y SIN florituras", le interrumpí yo.

—¿Llano y castellano?

—Claro y castellano –le aclaré yo–. Claramente, por favor.

Y entonces, con cara de decepción y como si lo que nos fuera a decir hubiera perdido interés para él, nos dijo:

—Los dos señores del Patronato y unos técnicos que envían los compradores van a venir a medir el terreno el domingo por la mañana, aprovechando que el colegio está vacío. Lo miden porque como se paga por metro cuadrado, se multiplica el precio del metro cuadrado por los metros que tiene y zas, lo que sale es lo que cobrarán los del Patronato.

Y ya, animándose más, siguió:

—¿Qué tal unas fotografías de los intrépidos reporteros, que sin amedrentarse se lanzan a...?

No necesitábamos más discurso. Salimos corriendo. Todos menos Pablo, que vi que se quedaba hablando con el conserje y enseñándole su cuaderno.

Lo dicho, almas gemelas.

19 *Una hoja de dos caras*

Hicimos lo que los señores del Patronato nos pidieron: preparamos una nueva edición de *El Trueno Informativo* con una sola hoja.

Como por lo visto era nuestra obligación, el domingo por la tarde estuvimos pasando al ordenador el artículo que nos habían dado los del Patronato para publicar en *El Trueno Informativo*. Lo titulamos *El Patronato rectifica*, y decía:

UN MENSAJE DE TRANQUILIDAD
A TODOS LOS ALUMNOS,
PADRES Y PROFESORES:
EL COLEGIO NO SE VENDE

Este periódico infantil, fruto de la inexperiencia de un grupito de niños inocentes, pero manipulados sin duda por malas personas, ha publicado una noticia falsa que ha levantado la alarma entre los alumnos, el profesorado y los padres. Ante esta situación, no-

sotros, como miembros del Patronato y por lo tanto propietarios del colegio, nos vemos en la obligación de rectificar a este periódico y desmentir contundentemente que el colegio se vaya a vender. No es cierto y la noticia que se publicaba es una gran falsedad.

Es cierto que un grupo de empresas inmobiliarias nos ha ofrecido una importantísima suma de dinero por los terrenos del colegio, pero nosotros, conscientes de la alta tarea educativa que hemos emprendido por el bien de nuestros niños y jóvenes, hemos dicho: NO. Todo ese dinero no es suficiente para que abandonemos nuestra gran misión y el colegio NO SE VENDE.

Por lo tanto rogamos a los padres, alumnos y profesores que estén tranquilos porque seguiremos adelante.

Firmado

Juan Fernández y Jorge Alonso

A nosotros, sinceramente, nos pareció que no estaba muy bien redactado porque ¿con qué iban a seguir adelante: vendiendo el colegio o no vendiéndolo? Allá ellos. No les íbamos a mejorar su redacción. Nos había dolido mucho lo de "inexperiencia de un grupito de niños".

120

Tampoco ellos eran muy expertos porque, si no, se habrían dado cuenta de que su carta, por más que la pusimos en letra bien grande, no ocupaba más que una cara de la hoja que teníamos que repartir. Así que tuvimos que rellenar la otra cara con las últimas novedades.

Y resultó que, tal como nos había anunciado el conserje, la última noticia era de aquella misma mañana del domingo.

Desde primera hora, la redacción de *El Trueno Informativo* se había desplazado al lugar de los hechos, como dicen en televisión. Y el lugar de los hechos no era otro que nuestra escuela. Los siete nos fuimos con la cámara de fotos al colegio y nos colocamos sobre la valla del patio entre los arbustos.

Allí estuvimos dos horas esperando a que ocurriera algo digno de fotografiarse. Pero no ocurría nada más que las discusiones entre Yolanda y Ricardo, María y Abdul, Abdul y yo, Pablo y Shyam, y todos entre todos, por los temas más pintorescos.

122

Lo que pasaba es que la tensión al principio y el aburrimiento después nos ponían nerviosos y estábamos dispuestos a discutir por cualquier cosa.

Y entonces sucedió. Seguidos por el conserje, entraron en el patio los señores Juan Fernández y Jorge Alonso, y otros dos, también muy trajeados. Nosotros empezamos a hacer fotos.

Primera foto:

Los cuatro señores en una esquina del patio entregan al conserje una cinta métrica.

Segunda foto:

El conserje tirando de la cinta métrica se encuentra ya hacia la mitad del patio.

Tercera foto:

El conserje ha llegado a la esquina del patio y mira la medida.

Interrumpimos las fotos.

El conserje nos pregunta en voz baja:

—¿Estáis ahí?

—Sí.

—Que no os vean. Cuando se vayan os cuento lo que pasa.

Cuarta foto:

María y Pablo resbalan juntos y caen al patio.

Ya no hay más fotos.

A pesar de la distancia, el señor Fernández los reconoció y oímos que le gritó al conserje desde la otra punta:

—Son los de *El Trueno*. Haga usted el favor de traerlos aquí inmediatamente.

Pablo cogió a María de la mano y echaron a correr hacia la salida del otro lado, donde la valla estaba medio caída. El conserje hizo como que corría detrás de ellos, pero no los alcanzó.

Fuimos a buscar a Pablo y María y nos escondimos, vigilando la salida de los señores. Salieron, se montaron en sus coches y se fueron. José López Molina, más conocido como el conserje, nos esperaba para hablar con nosotros.

Después nos fuimos todos hacia mi casa. Antes de trabajar en el nuevo número de *El Trueno Informativo* íbamos a comer juntos hamburguesas caseras hechas por mi madre, con patatas fritas hechas por mi padre. Se repitieron más o menos las mismas discusiones que antes, pero entonces con muchas risas. Cuando terminamos, Pablo consultó su cuaderno y nos dijo:

—Silencio... Aquí está... "De manera diligente y eficaz". Tenemos que trabajar.

El Trueno Informativo se puso en marcha para preparar su segundo número.

Tal como nos habían dicho, una sola hoja. Por una cara, la carta de rectificación. Por la otra, las tres fotografías del patio y un texto muy corto:

El Patronato y los empresarios llegaron a un acuerdo el domingo pasado. Durante la mañana estuvieron midiendo el terreno como se ve en las fotografías. Luego fijaron un precio. El colegio se vende y cierra definitivamente.

El próximo jueves a las 12 del mediodía se reúne todo el Patronato con los señores constructores para firmar el compromiso de venta.

¡Salvemos nuestra escuela!

El martes repartimos el nuevo número de *El Trueno Informativo*. Fueron mil ejemplares pagados por los señores Fernández y Alonso.

Se agotaron.

20 *La vergüenza del periodismo*

No había manera de poner atención en clase. Todo eran codazos, cuchicheos y hasta la profe Paquita se distraía a media explicación mirando por la ventana. Y mientras nos pedía atención y silencio, en realidad ella tampoco estaba atenta a la lección. A mí me preguntó algo así como:

—A ver, Alejandro, entonces el subjuntivo de... no sé si van a poder vender la escuela con tantísima gente que se está reuniendo en la puerta... Entonces ¿cuál es?...

—Creo que son los padres que vienen a protestar...

—Esto es por la noticia de *El Trueno*...

—Sí, porque al ver las fotos todo el mundo se lo ha creído...

—Sí, sí... El director me dijo que estaba muy preocupado porque era verdad que querían vender el colegio y... ¿me dices o no cuál es el subjuntivo?

—Ahí llegan los del Patronato que nos dijeron que era mentira...

Y mientras se producía esta conversación inconexa, en la que ninguno de los dos ponía atención en lo que decía el otro ni atendía al tema de la clase, todos los compañeros fueron desplazándose hacia la ventana y ya nadie se acordaba del subjuntivo, hasta el punto de que solo quedamos frente a frente la profe Paquita y yo, aunque sin mirarnos. Y de repente se giró hacia mí, diciendo:

—Bueno, bueno, vamos a dejar el subjuntivo y pasemos al futuro. Se acabó la clase, todos fuera a ver qué pasa.

Y coincidió con que el resto de las clases también empezaron a salir antes de tiempo y nos fuimos amontonando todos los alumnos y profesores del colegio dentro del patio. Por su parte los padres, que habían acudido para pedir que no vendieran el colegio, impedían desde fuera la entrada de los señores del Patronato. Los alumnos mayores empezaron a gritar frases de "¡educación, sí, negocio, no!" y en diez minutos se había armado un revuelo tremendo.

Con tanto follón, la verdad es que no nos enteramos muy bien de lo que pasó. Parece que un grupo de padres logró entrar por fin en la sala donde se reunía el Patronato y consiguió que les firmaran un papel en el que se comprometían a no vender el colegio. Los empresarios, al ver el lío que se había montado, salieron corriendo diciendo que la ciudad estaba llena de terrenos en los que se podían construir casas sin tanto barullo.

La noticia fue recibida con aplausos por todos los profesores, padres y alumnos que estábamos en el patio. Todo el mundo estaba tan contento que por la tarde se celebró una fiesta improvisada en la que el director habló para todos, dando las gracias por el apoyo de los padres y alumnos al colegio. Dijo que era una gran noticia que se hubiera conseguido mantener el colegio abierto y también dijo, que lo oyó todo el colegio:

—Y creo que es justo que demos especiales gracias a nuestros reporteros de *El Trueno Informativo*, estos magníficos periodistas que han logrado...

Y siguió felicitándonos, pero yo ya no escuché nada más, porque veía como mi sueño se hacía realidad, lo estaba viviendo allí mismo... El director hablaba de *El Trueno Informativo* y yo pasaba muchísima vergüenza.

129

¡Cómo no iba a tener vergüenza si de todo lo que había ocurrido durante el día no teníamos ni una foto, ni una declaración, ni nada de nada! ¿Cómo dejábamos pasar las noticias ante nosotros sin tomar nota? ¿Qué clase de periodistas éramos?... Lo que oí en mis sueños: "la vergüenza de la profesión". Ni más ni menos.

Por eso cuando al día siguiente los compañeros de clase aplaudieron a la redacción de *El Trueno Informativo* y leímos que alguien en la pizarra había escrito "*El Trueno* mola", casi no disfruté. Menos mal que mis redactores, Yolanda, Shyam, María, Ricardo, Abdul y Pablo, a los que nadie había considerado hasta entonces, sonreían orgullosos. Si hasta Beatriz me lo dijo:

—Lo del periódico está muy bien. El próximo año ¿podré ser yo la directora?

Intenté explicarle que eso de ser director..., en fin, que es un cargo que no dura, a ratos lo eres y a ratos no, que depende de lo que digan los redactores.

—¿Esos? –dijo incrédula.

—No te enteras –le contesté yo.

21 *Tres montones*

"Esos", o sea nosotros, los redactores de *El Trueno Informativo*, nos pasamos los últimos días de junio clasificando cartas, artículos, anuncios y contando el dinero que habíamos obtenido de nuestros lectores, padres y alumnos, que voluntariamente habían metido sus aportaciones para el periódico en la caja de cartón de *El Trueno*.

Hicimos tres montones. En el primero pusimos las solicitudes de alumnos que querían ser periodistas de *El Trueno Informativo*. Eran veinte y de todas las edades. En el segundo pusimos los anunciantes, que solo eran dos. Podía haber sido al revés, veinte anunciantes y dos periodistas, pero no, "las cosas son como son y no como a uno le gustaría que fueran", que si el lector ha llegado a este punto ya se habrá imaginado que esta es una frase ¡de mi padre! Y una de las preferidas, además.

En el tercer montón colocamos las cartas que nos habían escrito los lectores con los asuntos más variopintos. Uno, que nos felicitaba porque habíamos conseguido que el cocinero cambiara sus recetas, que ahora seguía siendo una asquerosidad la comida, pero era una asquerosidad diferente y que a él le gustaba más esta segunda asquerosidad; otro, por ejemplo, que no sé por qué extraña razón nos preguntaba qué nos parecía mejor que fuera él de mayor: bombero o taxista; muchos, que proponían cosas para hacer en clase y no morirse del aburrimiento, siguiendo la sección de Pablo, que al parecer contaba con muchos lectores, y otros nos enviaban unas cartas muy difíciles de descifrar, en las que nos contaban cosas niños con nombres como Sergei o Mohamed. Prácticamente había que traducirlas...

Cuando estuvieron clasificadas todas las cartas, a mí por un momento no me parecieron tres montones de papeles, sino de problemas que me amenazaban. Borré esa sombra negra rápidamente de mi cabeza... Serían problemas,

pero serían ya para el próximo curso. Esa tarde nos tocaba ¡película gratis!, invitados por el portero del cine que una tarde, al vernos pasar, nos reconoció.

—Eh, los de *El Trueno*, ¡venid!

Y esta vez fuimos nosotros los que solo fuimos capaces de decir monosílabos:

—¿Sí?

—¿Vosotros no sois los de *El Trueno Informativo*?

—Sí.

—Los que habéis conseguido que el colegio no se cierre.

—Bueno.

—Pues mi hijo es compañero vuestro, estudia tercero.

—Ah.

—¿Todavía tenéis el carné de periodistas?

—Sí.

—¿Y ya habéis visto esta película que está muy bien para niños?

—No.

—¿No queréis verla y escribir una crítica en vuestro periódico?

—Sí.

—Pues por una vez y sin que sirva de precedente, el sábado os dejo pasar gratis.

—¡Bieeeeeeeen!

Pablo apuntó para la próxima temporada: "sin que sirva de precedente".

Índice

1 Se buscan periodistas 7

2 Lo peor de lo peor 11

3 Todo por aprender 17

4 Un periódico peleón 21

5 Noticias inventadas 27

6 Mis fichajes 37

7 Anuncios para "El Trueno" 43

8 ¿Te sientes vacío? 51

9 Mis problemas familiares 57

10 Carné de prensa 63

11 El vértigo del folio en blanco 71

12 "Me llamo Shyam" 77

13 Encuesta en el comedor 85

14 "Así es... Así nos gustaría" 91

15 Una noticia exclusiva 95

16 "El Trueno" se subasta 103

17 Secreto profesional 107

18 Entre poetas 115

19 Una hoja de dos caras 119

20 La vergüenza del periodismo 127

21 Tres montones 131